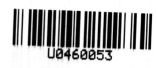

总主编 曹胜强 刘书玉

枣庄学院墨学文化研究丛书「第一辑」

墨子科学技术思想研究

MOZI KEXUE JISHU SIXIANG YANJIU

李春泰 等著

中国社会科学出版社

图书在版编目(CIP)数据

墨子科学技术思想研究/李春泰等著.—北京:中国社会科学出版社,2015.4
(枣庄学院墨学文化研究丛书.第1辑)
ISBN 978-7-5161-5898-2

Ⅰ.①墨… Ⅱ.①李… Ⅲ.①墨翟(前480~前420)—科学技术—思想评论 Ⅳ.①B224.5 ②G322.9

中国版本图书馆CIP数据核字(2015)第069686号

出版人 赵剑英
责任编辑 李庆红
责任校对 张慧玉
责任印制 王 超

出 版 中国社会科学出版社
社 址 北京鼓楼西大街甲158号
邮 编 100720
网 址 http://www.csspw.cn
发行部 010-84083685
门市部 010-84029450
经 销 新华书店及其他书店

印 刷 北京市大兴区新魏印刷厂
装 订 廊坊市广阳区广增装订厂
版 次 2015年4月第1版
印 次 2015年4月第1次印刷

开 本 880×1230 1/32
印 张 6.75
插 页 2
字 数 165千字
定 价 25.00元

“墨学文化研究丛书”总序

一个伟大的民族总是要有自己的精神、理想和追求，而它们的载体就是这个民族的文化与学术。春秋战国时期是中国文化与学术的高峰期，成为此后两千多年中国传统文化的主体和源头。在当时的齐鲁大地，就产生了许多影响深远的学术流派，诞生了璀璨无比的思想之花，墨学就是其中的杰出代表。墨学注重民本，追崇科学，是中华民族文化和精神的瑰宝，它像土壤一样，培育着中华民族的文化意识和学术追求，使中华文化以特有品质与风貌自立于世界民族之林。

先秦时期，墨学与儒学并行于世，是当时主流的学术思想，影响广大，遍及华夏大地。但是，从秦汉开始，由于封建统治者的刻意禁锢，墨学失去了发展空间，由显入微，而墨学的人文精神和科技思想在民众中得到了广泛的传播，成为推动中国传统文化和学术发展的理论基石，推动中国传统社会政治、经济、科技发展的重要力量。

20 世纪初叶，随着西方资产阶级民主思潮的涌入，中国文化进入全球性多元化发展的进程，时人开始剖析中国文化的不足，从文化上探求中国落后的深层次原因，并希望能从中国传统文化中找到契合时代需要的民主和科学精神，以期实现国家的富强、民族的安康。答案在墨学文化中找到了，两千多年前墨学所追求的民主与科学的理念，正是中国现代民主政治与科学研究所追求的目标，墨学成为连接传统与现代，东方与西方文化的桥梁。优秀的墨学文化是民族永恒的财富，墨学的精神超越时空，绵延不绝，成为激励国民民主精神，唤醒国民科学意识的力量之源。因而，继承和发扬墨学的人文思想与学术精神成为时代发展的客观要求，是建设新的中华文化的重要资源。

墨学文化研究，不仅要全面分析墨学中合乎科学真理、关照现实生活具有积极意义的内容，探究墨学所包含的合理精神内核和当代价值，学习先贤俯仰天地的人文情怀，更要学习以墨子为代表的先人们为实现社会的稳定和人民的幸福，奔走不息，摩顶放踵的践行精神，这些都是中华民族千百年来历经劫难仍生生不息、兴旺发达的精神之源，是我们今天应当加倍珍惜和继承的精神财富。

枣庄学院位于墨子故里，是国内外最早进行墨学研究的高等院校之一，学校将墨学文化的精髓“兼爱、尚贤、博物、戴行”作为校训，弘扬和振兴中国优秀传统文化。1995 年学校成立墨子研究所，2006 年扩建为墨子研究院，先后敦聘国学大师任继愈先生、著名学者欧阳中石先生为学术顾问，任继愈先生为研究院题名，携手国内外专家一道打造墨学文化的研究基地。枣庄学院墨学文化研究注重特色建设与服务地方相结合，从社会对于中国传统优秀文化的需要出发，在墨学文化研究中服务地方，在服务地方中促进墨学文化的发展，将墨学研究融入地方文化建设和社会发展之中，通过服务地方来寻求和探索墨学研究的新内容、新途径、新模式。

中国文化在历史中演进，文化的内容和形式在不断变化，而文化的魅力永恒。地域文化的优秀传统是一个地方精之所存、气之所蕴、神之所附。回眸既往，墨学文化如川流不息的运河水早已融入枣庄人的血液里，将历史的沧桑与荣耀深深铭刻在鲁南人的内心深处；展望未来，在历史发展的滚滚车流之中，枣庄人民又不断叩击着崭新的梦想，希望实现国家富强、民族复兴、人民幸福、社会和谐。墨学文化中所蕴含的兼爱天下的达人情怀，自强不息的进取精神，勤俭节约的生活理念，兼收并蓄的开放胸怀，勇于实践的科学精神和独树一帜的创新风格，仍是枣庄人民引以为豪的宝贵精神财富，在经济、政治、社会生活中显现出本质性的推动作用。

21 世纪以来，煤城枣庄以全方位的改革创新，迎来了全方位的兴盛与繁荣，国民经济健康发展，社会事业全面进步，人民生活蒸蒸日上，城乡面貌焕然一新。这一切都充分证明：文化是引导社会进步的灯塔，是一座城市的精魂，它对思想解放起着引领作用，对经济发展起着先导作用，对社会和谐起着滋润作用。

“墨学文化研究丛书”全方位对墨学文化展开研究，涉及政治、文化、教育、科技、伦理、哲学、宗教等诸多领域，较为系统地展示了新时期墨学研究的全貌。这套丛书的出版，既是枣庄学院墨学文化建设的一大成果，又是继承和发扬枣庄优秀传统文化的重要媒介。文化的延续性在于继承，文化的包容性在于开放，文化的生命力在于创新。我们继承墨学文化，不是抱残守缺，守旧复古，而是在发掘墨学文化的历史意义和现实价值的基础上，去粗取精，推陈出新，创造出符合当下时代特征的新的文化产品和新的文化业态，为经济社会发展催生出新的增长点。“墨学文化研究丛书”的编纂出版，无疑在这方面起到了引导和示范的作用，希望更多的有识之士参与到发掘、研究、宣传、弘扬墨学文化的行动中来，续写中国文化的新篇章！

曹胜强

2014 年 9 月 16 日

目　录

第一章　中华民族科技文化的深厚积淀

一部《墨经》等于整个希腊。

——杨向奎

第一节　引言

古希腊人所创造的光彩夺目的科学文化成就为西方现代文明奠定了基础，同样，中国传统科学和文化形态形成和发展的思想源头、理论渊源也可追溯到一个时期，那就是先秦时期。从某种意义上可以说，古希腊和先秦时期奠定了中西文化不同的文化基因，如中国人偏重于整体性思维与经验方法；西方人则侧重于分析及理性思维。古希腊的科学文化在西方的近代化进程中获得了新生，如经验科学上所用的数学方法、实验方法；而作为文明古国的中国，也孕育了博大精深、璀璨夺目的传统科学文化，但五四时期对传统文化的否定曾使中国古代的科学思想遭遇了世人的忽视和误解。在中西文化汇通的今天，中国的传统文化中所蕴含的科学思想再次引起了学者和科学家们的注意，并得到了充分肯定。如英国科学史家李约瑟通过撰写《中国科学技术史》这一著作展示了中国古代数千年来积累的科学技术的伟大成就，并高度评价了中国的科学技术对世界文明发展作出的巨大贡献，他甚至认为“要是没有这种贡献，就不能有我们西方文明的整个发展历程”①。人类文明的每一步发展都和科技进步密切相关，中国古代科技的突出贡献可谓得到了公认。

中国造就了如此辉煌灿烂的古代科技文化当然不是一蹴而就的，这需要一个长期积累的历史过程。1975 年上海人民出版社出版的《自然科学大事年表》收入中国先秦至清代的科学技术共 192 项，按朝代统计的结果如表 1－1 所示：

表 1－1　《自然科学大事年表》收录的中国科技成就

（按朝代统计）

时期或朝代	770B. C. 以前	春秋—战国	秦—汉	魏—晋	南北朝	隋	唐	宋	元	明	清
成果数（项）	26	26	36	12	11	2	20	27	5	17	10

我国科学史家李思孟先生认为从这些数据统计可以表明：“中国古代科学技术有三次发展高峰，一次是春秋战国时期，一次是秦汉时期，一次是唐宋时期。”② 而墨子所处的时代恰好是春秋战国时期，这是一个百家争鸣的伟大时代，被西方人称作 2000 年前的文艺复兴。

① 潘吉星主编：《李约瑟文集》，辽宁科学技术出版社 1986 年版，第 123 页。

② 李思孟、宋子良主编：《科学技术史》，华中理工大学出版社 2000 年版，第 102 页。

由表 1－1 也可以看出中国古代科技的发展并非呈直线状态，而是经历了起伏的阶段。有的学者指出中国科学技术的发展大致经历了五个阶段，“萌芽阶段，时间大约相当于我国的原始社会和奴隶社会；形成阶段，时间从春秋至两汉；发展阶段，时间从三国到五代；高峰阶段，时间从宋到元；停滞阶段，时间为明清两代”①。这一划分有其可取之处，在漫漫中国古代科技史长河中，先秦时代虽然不能算中国科技的黄金时期，却是中国古代科学技术的奠基时期。中国传统科技的发源固然久矣、远矣，但形成一定的规范和文化特色，则在春秋战国时期。春秋战国这一伟大时代继承了悠久的史前科技文化的深厚积淀，并在此基础上初步形成了影响古代中国传统科技的科学思想，并且在后人的发挥中不断丰富和融合，由此形成了独具中国特色的科学思想。也正是先秦时期众多的科技成就和丰富的科学思想，为墨子科学思想体系的形成提供了肥沃的土壤。欲了解墨子的科技思想首先要了解墨子科技思想中浓厚的文化积淀，追溯其历史渊源。

第二节　史前文化②时期的科技萌芽

科技与人类相生相伴，作为一种历史现象，它贯穿于人类社会发展的过程；作为一种社会现象，它充当着文明进步的使者；作为一种文化现象，它根植于人类的理性与智慧之中。科技与人类的联系如此密切，乃至人类的文明史中蕴含了一部科

① 李平主编：《中国文化概论》，安徽大学出版社 2002 年版，第 371 页。

② 按照历史年代，中国远古文化年约 180 万年前—前 21 世纪，是为神话传疑时代，包括了史前文化时期、夏、商、西周的大部分时期。史前文化是指没有文字记录之前的人类社会所产生的文化。

技发展史。在文字出现以前，我国先民在生产过程中就产生了许多科技发明。从茹毛饮血到刀耕火种的跨越对于整个华夏文明来说是重要的一步。史前文化时期的众多的科技发明被赋予了很强烈的神话色彩，随着近代以来考古学的不断发展，许多传说中的情况通过考古发掘的文物得到印证。

一　穴居与巢居

《韩非子·五蠹》[①] 中记载了关于有巢氏的传说：

> 上古之世，人民少而禽兽众，人民不胜禽兽虫蛇，有圣人作，构木为巢，以避群害，而民悦之，使王天下，号之曰有巢氏。

有巢氏携手华夏子民筑巢建屋，“民皆巢居以避之，昼拾橡栗，暮栖木上”[②]。有巢氏是传说中远古时期发明巢居的人，这一传说反映了我国原始时代的居住和建筑情况。传说有巢氏受鸟类在树上筑巢的启发，最先发明了“巢居”。他指导人们用树枝和藤条在高大的树干上建造房屋，房屋的四壁和屋顶都用树枝遮挡得严严实实，既挡风避雨，又可防止禽兽的攻击，人们从此不再过那种担惊受怕的日子。木巢的出现，是人类摆脱动物界向文明迈出的又一步骤，是人类由游牧到定居的标志之一，是人类迁徙中的自觉。更重要的意义在于，人类作为万物之灵已不再是简单的顺应自然。

---

① 王焕镳选注：《韩非子选》，中华书局 1965 年版，第 1 页。以下版本同。

② 《庄子·盗跖》，载刘家槐译《庄子·汉法对照》，中华书局 2009 年版，第 438 页。

二　火的使用

另一具有划时代意义的进步是人类对火的使用。在距今约170万年的元谋人牙齿化石的地层中，发现了很多炭屑，表明元谋人可能已经知道用火，迄今为止，这大概是人类使用火的最早证明。晚期距今约70万年前的北京人居住的洞穴中不但有用火的痕迹，并且灰烬叠压很厚，我国著名历史学家张传玺先生认为，这证明北京人不仅能使用天然火，而且还会保存火种。火的使用是人类历史上的一件大事，人类从利用、保存天然火到逐渐学会敲石、钻木取火。在这一过程中，人类逐渐掌握通过敲击和摩擦把机械能转化为热能的技巧。人工取火法的发明是我们的先人迈向文明的重要一步，这是人类第一次支配了一种自然力，因而也就成为科技发端的标志之一。我国远古神话中的“燧人氏”教民“钻燧取火，以化腥臊”（《韩非子·五蠹》）的记载，无疑是这一历史伟大发现的神奇渲染。有了“火”就给“日犹火”“光”等天文、物理观念和气候上的“寒”“热”奠定了一种人工基础。“火”与日的相应关系，在山东大汶口文化遗址的陶壶和陶缸上的陶文“”和“”（为“炅”字，意思是“热”）可以看作是这种观念的一种反映。

三　数学的萌芽

中华民族的算学知识丰富而悠久，其起源可追溯到传说中的伏羲氏，仰韶文化遗址的出土文物已印证了当时数学的萌芽。传说中的伏羲曾作结绳、九九、执规画八卦。《庄子·胠箧篇》和《典论》以为伏羲作结绳。郭金彬先生认为：“绳结的大小多少，与事物的大小众寡，是种对比。然而知道这样进行对比，迈出这一步是十分重要的。因为绳结与事物的逐一对比，这是一个集合与另一个集合的对比，这两个集合既可进行对比，就说明它们有着共同的东西，这共同的东西就是性质，是物体集合的一种性质，而这种性质就是物体的数目……知道结绳记事虽然还不能说是懂得了抽象的数（因为此时还没把数与具体物体集合分离开来），但它为人类能进一步得到抽象的数提供了科学的思路。”①

上古应用规矩以制方圆，相传也是始于伏羲。当时人们对于形的认识，最明显的是反映在石器的刻画和形状上。经发掘，出土了很多新旧石器时代的石器，从形状上看有锥形、柱形、平面、球形、多边形等，在处于旧石器时代中期中间阶段的山西丁村人就出土了很多多边形器和球形器；从用途上看，不仅有各种各样制作工具用的刮削器、饰器，还有各种磨制工具（包括加工木材的斧、凿、铲等）和农业生产工具（石犁、耕田器等），这些石器的打制工艺越来越成熟，加工精细、打制规整，从粗糙到精细的变化，形状和功能从单一到多样的变化，说明了我们的祖先对形状的认识越来越清晰，人们对形的认识有了质的飞跃。特别是，出土的“石器时代的陶片，它的图案有简单的几何纹，如山纹、锯齿纹、连珠纹等”②，这表明研究现实世界空间形式及其与数量间关系的几何学，在史前文化时期就已经有了萌芽。到了春秋战国之际，墨子对这些几何图形的数学概念给予较为明确的界说，我们可以说墨子的《经上》发展了在远古时期就有的几何知识，也即远古时期萌芽的几何观念影响了墨子的几何知识（形学），它是墨子发挥其中的内涵、将古代中国的数学提高到不同于以往的高度的奠基。

① 郭金彬：《中国传统科学思想史论》，知识出版社 1993 年版，第 4—5 页。
② 李俨：《中算史论丛·第五集》，科学出版社 1955 年版，第 376 页。

据学者研究，在《墨经》一书中作者对点、线、面、体、圆等提出明确的定义，其对于几何基本概念的界定在今天仍有意义，《墨经》的这种界说在中国数学发展史上可谓“首发其端”。

伏羲的另一个重大贡献则是始创了中国古代文化的秘密符号——八卦，这是一组代表自然界天地水火山川雷电的象形文字，既是中国文字的起源，也孕育了丰富的数学知识。其博大精深的文化内涵，成为古代东方哲学的标志，并吸引着国内外无数学者的探索和研究。

四　原始时代的农学和医药学

本书虽然没有讨论墨子的农学与医药学思想，但鉴于这两方面对维系中华民族之重要，我们还是要略说一二。

中国作为上古时期的农业发源中心之一，其原始农业的萌芽大体上与考古学上的新石器时代相始终。上古传说中的神农氏，正反映了原始农业发生的那个时代，神农氏被视为我国远古最早发明农业和医药的英雄。《易·系辞》[①] 中有这样的记载：

> 神农氏作，斫木为耜，揉木为耒，耒耨之利，以教天下。

又有

> 神农尝百草水土甘苦。

---

① 陈鼓应、赵建伟注译：《周易今注今译》，商务印书馆2005年版，第650页。以下版本同。

之说。从古籍的记载来看，神农氏的贡献是多方面的，如发明耒耜斧斤等农具；从采集经验的积累中发明播种谷物；发明医药等。考古发掘资料证明，远在七八千年前，我国黄河、长江流域已有了一定水平的原始农业。一些属于新石器时代早期的遗址中发现有大量的原始农业工具。梁永勉等学者认为："中国较早的新石器时代遗址，基本上都以种植业为主，渔猎采集仍然占重要地位，畜牧业则相对不太发达。以后随着种植业的发展，畜牧业在经济生活中的比重逐渐上升而采集渔猎业的比重则逐渐下降。生产结构的这种发展变化，表明原始种植业是从采集狩猎时代、而不是从畜牧业时代产生的。"①

此解释较为合理，先民们在采集的过程中逐渐学会辨认各种植物并把握它们的生长规律，从而为种植业的产生奠定了基础。同时，先民们在采集的过程中逐渐对这些植物的用途有所了解，由此积累了一定的植物医药学知识。此外，他们还通过渔猎、畜牧和工具制造，积累起动物药、矿物药知识。

五　出土陶器蕴含的力学和天文学知识

陶器的盛行被作为新石器时代的重要标志之一，仰韶文化的彩陶、龙山文化的黑陶是这一时期的典型代表。龙山文化稍晚于仰韶文化，其制陶技术也比仰韶文化时期有所进步，这些陶器大多是采用轮制，此举开创了人类用机械替代手工进行生产的先例。宋兆麟等学者指出陶纺轮的使用所采取的轮轴力学原理，可以说为机械学奠定了原始基础。② 新石器时代纺轮的

---

① 梁永勉：《中国农业科学技术史稿》，农业出版社 1989 年版，第 5 页。

② 宋兆麟：《中国原始社会史》，文物出版社 1983 年版，第 440 页。

应用可从出土文物中得到印证，20 世纪 70 年代中国考古学者发掘了湖北红花套遗址新石器时代的纺轮共 5 件，如图 1－1 所示：

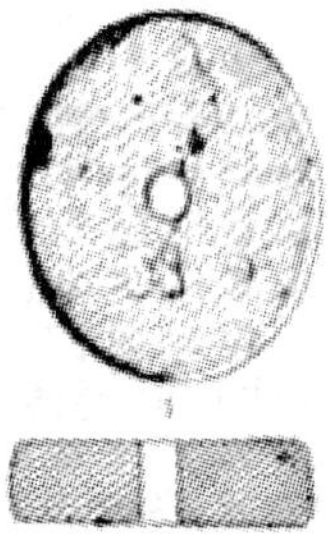

图 1－1　①

另外，在河南大河村出土的仰韶文化时期的彩陶和陶片约 30 多件绘制了天文图纹。据统计，出土的太阳纹彩陶片共 12 片，月亮纹的彩陶片约有十余片，晕纹彩陶片有 7 片，星座纹彩陶片仅发现一片，星纹彩陶片出土有两片。② 专家经过对图纹的分析，认为大河村的先民们可能已经知道了一年有 12 个月份的概念，此外，他们对一些自然现象的发生与天象的关系也有了一定的认识，如：

日晕而风，月晕而雨。

史前文化时期天文学萌芽是先民们对日月星辰、风雨雷

① 张弛、林春：《红花套遗址新石器时代的石制品研究》，《南方文物》2008 年第 3 期。

② 戴建增：《从大河村彩陶图纹看天文历法》，《百家纵横》2009 年第 11 期。

电、阴晴圆缺等自然现象和农业长期关注的结果。

六　史前文化时期深厚的科技文化积淀

《史记·封禅书》称：

> 黄帝采首山铜，铸鼎于荆山下。

这一记载虽为神话传说性质，但也反映了黄帝时代已能铸造铜器。据考古发现，陕西临潼姜寨的仰韶文化时期遗址出土了圆形残铜片，河南也有一些遗址出土有炼铜渣。这证明这一神话传说并非子虚乌有。可见史前文化时期的人们对铜的物理特性已经有一定的认识，这是人类在原始社会中极为重要的物理知识。远古的传说还有黄帝发明蚕桑、宫室、文字，造历法、造律吕、作算术、始作车服，故号称“轩辕氏”；还有后羿之弓矢；蚩尤炼铁，制剑、铠、矛、戟等。在这些美丽的神话传说和考古的印证中，我们可以得知在夏朝以前，科学文化萌芽于人们的日常生活、生产和实践经验当中。如在原始社会时期，我们的先民在捕猎的过程中不断改造各种石器并发明了弓箭，促使了手工技术的萌芽；在采集野果、植物的过程中促使了医药知识的萌芽；在对日出日落、月圆月缺、气候冷暖循环变化的观察中产生了天文学知识的萌芽。在漫长史前文化时期，人类进行着认识世界、改造自然的历史进程，从而在手工技术、物理学、农学、天文、数学、医药学等领域已经有丰富的科学知识萌芽，这不仅改变着当代，也影响了后世，为文明时代的到来奠定了基础。

第三节　夏商两周的科技思想

在史前文化时期，由于人类认识的局限性，科学知识只能是以萌芽状态存在于生产技术之中，进入奴隶社会的夏商西周时期，中国逐渐初步形成了传统的科技体系：一方面以农、算、医、天文历法和各种实用技术为核心；另一方面又以四大理论——阴阳理论、宇宙形成理论、五行说、生态平衡理论贯穿其发展历程。墨子生活在这样一个时代，其科技思想无可避免地受到如此璀璨的科技文化的影响。由于先秦时代的科技成就和思想浩如烟海，难以一一论述，因此下文仅选取这一时期与墨子科技思想有较大渊源的一些部分作简单的论述。

一　《周易》的宇宙发生论与阴阳学说

《周易》在古代中国的历史上有着很重要的地位，是中国古代最早的科学、哲学、历史思想总汇，既有社会科学的内容，也有诸如天文、数学、医理、生物等自然科学的内容，特别是其提出的宇宙发生论和阴阳学说在中国思想史中有很重要的地位，先秦诸子乃至整个中国哲学界和科学界都受到重大影响。我国先秦的学者，观察自然界千变万化的现象，想推究它们的起源的，大体上可以分为两大派，一派主张阴阳理论，一派则主张五行说，后来两派的学说才渐渐融合，直到汉武帝时期，这种融合才算达到了相当圆满的程度。对于宇宙的形成与变化的探索，《周易》提出了独具特色的宇宙发生论学说：

《易》有太极，是生两仪，两仪生四象，四象生八卦。[①]

这是一种基于感觉经验的归纳，如男女、日月等事物存在的两面性，同时，把这种感觉经验的归纳向外无限制的推类和联想，在阴阳对立的两极中寻求统一，从而形成了一种关于万物存在变化根源的解说。万物所出，造于太极，化于阴阳。《易经》对阴阳理论的阐发是建立于科学基础之上的，形成了能揭示出自然与社会发展规律的理论科学。如关于宇宙形成之前，《易经》称之为“大太极”。“太极”是个模糊概念，过去，因对其理解的角度不同，故存有争议，但大多数《易经》研究者均认为那是描绘了宇宙形成前的图像，即处于“混沌”状态，“易有太极，是生两仪”，亦即宇宙形成之前的元气状态。这种元气又具有“生”的能力，因为元气是种物质。从“气”之“生”指明了宇宙的形成，是“气”的运动、变化、发展而凝成一种新物质，这是《易经》的一项伟大创造。《易经》描绘了宇宙形成之前的“太极”，对于宇宙形成之后，《序卦传》则提出“有天地，然后万物生焉”，此指太极分而为阴阳，阴阳融合则始生万物，故曰“一阴一阳之谓道”（《周易·系辞》）。

老子据此提出“道”的概念，他认为：

道生一，一生二，二生三，三生万物。万物负阴而抱阳。[②]

---

① 陈鼓应、赵建伟注译：《周易今注今译》，商务印书馆 2005 年版，第 627 页。

② 陈鼓应注译：《老子今注今译》修订版，商务印书馆 2012 年版，第 233 页。以下版本同。

老子的“道”是与《易经》的“太极”有着同一性质的概念，说明万物曾经历阴阳两仪的状态，在此之前是不分阴阳的统一态，这体现了万物都是对立统一体的整体性观念。郭沫若也认为：“《易经》的观念就根本是阴阳两性的对立，一切万事万物都是由这样的对立而成，八卦是四对相对立的现象，六十四卦又是三十二对相对立的事物，宇宙充满了矛盾。但这些矛盾是相辅相成的，结果得出一个公式，就是‘小往大来，大往小来，无平不陂，无往不复’，这样便生出变化。宇宙整个是一个变化，是一个运动，所以统名曰‘易’。”①

《周易》提出的宇宙发生论指出了宇宙万物的演化由简到繁的过程，即“从最简单的太极开始，经过不断的二分法，产生阴阳、四时、八卦、六十四卦到三百八十四爻，然后演化出万事万物”②。这里蕴含了简单性原则，我国著名的易学家朱伯昆先生认为：“阴阳简易之理为《周易》的最高原则。”③《易传》有许多关于简易哲理的阐述，如：

乾以易知，坤以简能。易则易知……易简而天下之理得矣，天下之理得而成位乎其中矣。④

阴阳之义配日月，易简之善配至德。⑤

《周易》不但提出了万物由简到繁的演化，还提出用简单的

① 转引自廖名春《周易研究史》，湖南出版社1991年版，第413—414页。

② 林振武：《中国传统科学方法探究》，科学出版社2009年版，第55页。

③ 朱伯崑：《易学哲学史·第一卷》，华夏出版社1995年版，第78页。

④ 陈鼓应、赵建伟注译：《周易今注今译》，商务印书馆2005年版，第582页。

⑤ 同上书，第602页。

方法来认识天道、地理和人事。林振武先生认为，“简单性原则不仅是西方科学和哲学的重要思维方法，也是中国科学和哲学的重要思维方法，但是这个方法在过去的研究中一直没有得到应有的重视。在中国，简单性原则是由《周易》首次明确表述的。由于《周易》在中国具有‘群经之首’的地位，使这个方法对中国无论科学还是哲学都发生了重大影响”①。这种思维方式影响了中国的思想界，成为具有传统中国特色的思维特征。

简单易懂的道理才能为天下之人所知并付诸实施，但这样一个简易的哲理却是由众多不同性质甚至相互矛盾的概念混合而成的，那么如何才能做到在这纷繁的自然现象中把握最简单的原则呢？对此，《周易》提出了分类的思想和“象”的概念，“方以类聚，物以群分”（《周易·系辞上》），此分类并不是对具体客观事物本身具体形态的分类，而是对某一类事物共性的归纳。“易者象也。象也者，像也。”（《周易·系辞下》）卦象的特点是既简单又统一，甚至最后可以归结成为“阴阳二爻”两个符号。

《周易》独特的宇宙发生论以阴阳学说为核心，认为整个世界处在阴阳的相互对立、相互作用之中，宇宙万物是由阴阳联系起来的统一整体。“说明周朝人已开始试图通过阴阳和八卦的认知框架来解释、把握复杂的自然现象和生活现象，中国传统科学的辩证整体性和直觉直观的思维方式也由此发端。”②古代中国的一个系统完整的阴阳理论就是在《周易》的推演中发挥出来的，并经后人的不断发展而日臻完善。墨子在自然

① 林振武：《中国传统科学方法探究》，科学出版社2009年版，第54页。

② 石云涛主编：《中国传统文化概论》，学苑出版社2004年第2版，第174页。

观、数学等方面的不少见解都有《周易》思想影响的痕迹。如对事物的分类，宇宙是一个连续整体，个体或局部都是从统一的整体分出来的观点等。墨子把“体，分于兼也”这一命题作为其自然哲学的基本原理，从辩证整体性把握自然万象，此外，对于这种整体与部分的关系的把握，使他在后来的研究中产生了数学上的集合的观念。

二　道、名两家的“无限”思想

据数学史家邹大海研究，先秦学者已经有非常丰富的“无限”思想，在诸子各家的思想有着不同程度的反映，其中尤以墨、名、道三家的无限思想引人瞩目。对于无限的总体把握，学者有这样精辟的概括：从量的方面来说，无限可分为无限大和无限小。无限大的观念来源于所考察事物的不断积累，或是对苍天、大地、宇宙和力量这类给人以巨大印象的事物的想象和思考。无限小的观念来源于对考察的对象的不断细分，或对万物本原的探求。

（一）道家的无限思想

首先，道家天地万物的本原是“道”，其“道”是永恒不变而又化生万物的，

> 有物混成，先天地生。寂兮寥兮，独立不改，周行而不殆，可以为天下母。吾不知其名，强字之曰“道”，强为之名曰“大”。大曰逝，逝曰远，远曰反。[①]

---

① 陈鼓应注译：《老子今注今译》修订版，商务印书馆 2012 年版，第 169 页。

意思是说，有一个在天地之前就已经存在的东西，它化生万物，永恒不变，运行不止，这个就是道。从中可见老子所说的“道”具有时间和空间无限的性质。

继承老子思想的庄子的时空无限的思想相比较而言更加明确。《逍遥篇》中革答汤问说的“无极之外复无极也”，肯定了空间的无限性；而《庚桑楚篇》说“宙”是没有始末的[①]，肯定了时间的无限性。[②]《庄子·秋水篇》借河神和北海神的对话也阐述了无穷小分割思想，其所说的至精无形、无形不能分的思想，和墨家“必半，毋与非半，不可也”的思想十分接近。

但是，道家的无限思想表面看来似乎也就停止于此，并没有再深入地谈论无限思想；由于道家学说本身体系的特点，其无限思想和“道”密切联系在一起。不过据有关研究，道家对无限思想有深刻的认识，其一有无限和有限属于两类不同性质的量；其二通过“无形”这个概念实现从有限到无限的过渡；其三有与《墨经》关于无限的命题的类似的认识，如《墨经》“无穷不害兼”的命题，道家《庄子》“秋水”篇就有，海水“不可量数”，并且海水和天地相比就像小石头和大山一样，体现的是无穷大量之上有更大的无穷大量的思想。这两个都是关于有限量对于无穷大量的影响，有限之和都不能达到无限量，无限和有限之间是有“鸿沟”的。

（二）名家的无限思想

名家，是先秦以思维的形式、规律和名实关系为研究对象的学派，战国时称“刑名家”或“辩者”，西汉始称“名

① 《庄子·齐物篇》：“有始也者，有未始有始也者，有未始有夫未始有始也者。”

② 邹大海：《中国数学的兴起与先秦数学》，河北科学技术出版社 2001 年版，第 189 页。

家”。它是以辩论名实问题为中心的一个思想派别，重视“名”（概念）和“实”（物）的关系的研究。代表人物有邓析子、尹文子、惠子、公孙龙子。其主要思想有《庄子·天下》等中所载惠施及其他辩者的学说。名家的言论常违背常理人情，“否定事物的质的规定，否定事物之间的质的差别，甚至根本否定任何确定事物的存在”①。例如“犬可以为羊”“白黑狗”等一些令人费解的命题。

名家的“无限”思想主要蕴含在其辩者提出的数学悖论里，下面罗列几条名家的无限思想（主要是惠施的“历物十事”），并将其与墨家的无限思想作简单比较，以明其理。

惠施，约公元前370年—前310年，战国时期宋国人，博学善辩，名家的代表人物之一，也是庄子的好友。其思想主要记载在《庄子·天下》篇中。

对于“空间”概念的看法，在《庄子·天下》篇名家惠施提出了“‘无厚，不可积也，其大千里’的论题，认为没有厚度的面不能积累成体，但是可以大到千里，没有宽度的线不能积累成面，但是可以长达千里”②。意思是说，在几何学里的线和面，许多“无厚”的相加结果还是“无”，“这是一种明确的不可分量不可分积的观念，与《墨经》针锋相对（《墨经》有不可分量可积的思想）”③。相应的，在《墨经》里有类似的命题，“惟无厚，无所大”（《经说上》），意思是说物体之所以有大小（体积）是因为有厚度，没有厚度就没有大小（体积）。对比两者的看法，惠施对这一概念的抽象认识比

① 任继愈：《中国哲学史》，上海人民出版社1957年版，第174页。

② 钱宝琮：《中国数学史》，科学出版社1964年版，第17—21页。

③ 邹大海：《中国数学的兴起与先秦数学》，河北科学技术出版社2001年版，第401页。

《墨经》更进一步，对于只有面积而无厚度的“平面”的这种观点在欧几里得几何中的平面的概念之前就产生了。

对于“空间无限性”的认识，惠施提出命题：至大无外，谓之“大一”；至小无内，谓之“小一”。意思是说，最大的，没有东西能包含它的，叫“大一”；最小的，任何东西也不包含的，叫“小一”。[①] 他认为，向外的方面没有边界，向内的方面没有边界，这是空间无限大和无穷小的存在。同时，惠施对于“大一”和“小一”的区分表明其思想超越前人和同代人。相应的，在《墨经》里提出：“穷，或有前不容尺也”，“穷，或不容尺，有穷；莫不容尺，无穷也”。另外，《管子·心术上》有言：其大无外，其小无内。可见，对于无穷大、小的认识在先秦的学说中并不少见。

对于“极限”的看法，名家中有这样一个辩题（“辩者二十一事”）：

> 一尺之捶，日取其半，万世不竭。[②]

一尺长的木头，每天割掉它的一半，永远都不会有割完的时候。这种思想体现了无穷分割的过程，但是其思想没有《墨经》里的深刻。《墨经》中也提出了其“无限分割论”，它不仅和名家一样提出了无限分割达到极限的过程，还深刻指出极限的存在和达到极限的方法，如《经上》言：“穷，或有前不容尺也。”这就是《墨经》“极限”思想比名家的“极

① 朱牧：《惠施哲学逻辑学思想分析》，《中国哲学》1982 年第 8 期。

② 《庄子·天下篇》，陈鼓应《庄子今注今译》，中华书局 2006 年版，第 896 页。以下版本同。

限”思想深刻得多的原因所在。

李约瑟认为，先秦时期“有一些关于无穷小、穷竭法和积分的概念的基础”，“从中国哲学的萌芽时代起……连续概念和无限分割概念已经为名家——惠施的朋友们——清楚地表达出来了”①。总的来说，春秋以前的类似无限思想只是源于人们的直观感受，到了春秋战国时期，道家、墨家以及名家都有了向理论思辨方向发展的倾向，逐渐建立了一批抽象的理论数学的概念和命题，有了逻辑推导的演示。

在《墨经》中许多地方都体现了“无限”思想，其中有很大部分“无限”思想名家也有涉及，只是在某些方面成就高低不同，所以《墨经》有部分知识很可能是来源于当时学术界已有的知识，这些被墨子加以继承并成为其数学研究的基础。“墨名两家在数学理论上的建树，既是以此前或同时代数学思辨和逻辑思想的进步为基础，根据各自的需要和兴趣借用或进行研讨取得的；同时，这些建树也会对当时的数学思想和方法产生影响，为此提供理论上的依据。”②

三　十进位值制与算筹

数学作为中国古代最为发达的基础科学之一，古称为算术，即算数之术。在中华民族创造的灿烂科技文明里，我们的祖先创造的数学思想和数学成就是中国科技史上重要的组成部分，其源头可以追溯到半坡遗址的仰韶文化，并至晚于西周时代形成一门学科。在《周礼·保氏》中有这样一段话：“养国子以

---

① ［英］李约瑟：《中国科学技术史·数学》，科学出版社 1987 年版，第 316—317 页。

② 邹大海：《中国数学的兴起与先秦数学》，河北科学技术出版社 2001 年版，第 433 页。

道，乃教之六艺：一曰五礼，二曰六乐，三曰五射，四曰五驭，五曰六书，六曰九数。”“礼、乐、射、御、书、数”这六种技能，合称为“六艺”，是周代学校教学的内容，所以说于西周时代形成了数学这门学科也是可能的。先秦乃至后世的许多文献典籍中都有记载夏商两周的数学思想和成就，如甲骨文中有十进制，《周易》有二进制记数法萌芽，《管子》中有九九口诀的记载，《孙子兵法》有分数应用的记载……《墨经》所体现的数学思想与这些典籍中蕴含的数学思想有千丝万缕的联系。

（一）十进位值制

中国古代数学有据可查的资料始于商代，作为商朝文化两大代表之一的甲骨文是目前为止所发现的蕴含了十进制记数法的最早原始资料。甲骨文不仅记载了占卜的记录，还包含了相当数量的数学符号，商代甲骨文中有13个基本的数字符号：一、二、三、四、五、六、七、八、九、十、百、千、万。表示几十、几百、几千、几万的方法，商代是用合文书写，如上边一个五字、下边一个百字，合起来表示五百，这样的书写方式较容易向位值制演变。在13个记数单字中，一、十、百、千、万，各有专名，表明甲骨文数字已是十进位，并有十进位置值制萌芽。至晚到殷商时候，已经普遍使用十进位值制，西周继承了商代的十进制，并且记数方法愈趋于完善。

《墨经》中也有关于对十进位值制的记载：

> 一少于二而多于五，说在建。[①]（《墨子·经下》）
>
> 一：五有一焉；一有五焉；十，二焉。（《墨子·经说下》）

① 《墨子》，方勇译注，中华书局2011年版。以下所引《墨子》内容均为该版本。

这条体现的是十进位值记数法，这当然不是墨子所创造的，不过却体现墨家注重从理论层次揭示问题本质的倾向，而在这之前，虽然十进位值制的记数法已经是人们十分熟悉的一种记数方法，但却很少有像墨家这样从理论层次来阐述的，当然墨家所重视的注重理论的倾向也受到了当时数学发展倾向的影响。

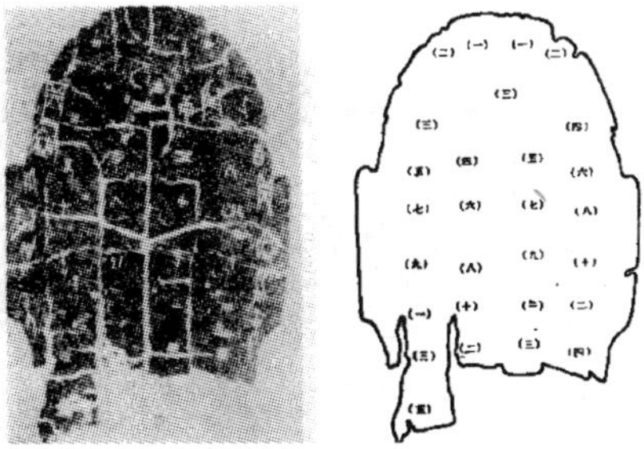

图 1－2　甲骨文中的十进记数①

（二）筹算制

我国古代计数有其特有的算器——算筹。1971 年 8 月中旬，在陕西宝鸡市千阳县第一次发现西汉宣帝时期的骨制算筹。

钱宝琮先生说："'数'作为六艺之一，开始形成一个学科。用算筹来记数和四则运算很可能在西周已经开始了。"②夏、商、西周时期，社会经济进一步发展，商品交换的扩大以

---

① 北京大学物理系《中国古代科学技术大事记》编写小组：《中国古代科学技术大事记》，人民教育出版社 1978 年版，第 7 页。

② 钱宝琮：《中国数学史》，科学出版社 1964 年版，第 9 页。

及防治洪水、建筑城市、测量地亩、编制适合农时的历法等，都需要数学知识和计算技能。因此，数学知识在这一时期获得了较大的进步。据研究，商朝数学已经达到很高的水平，但是至今人们还未在甲骨文中发现有关“算”和“筹”这两个字的记载，但西周的有关史料显示，当时已经有了加减乘除的运算，因此，对我国数学发展产生重大影响的“算筹”，被认为可能产生在这一时期。

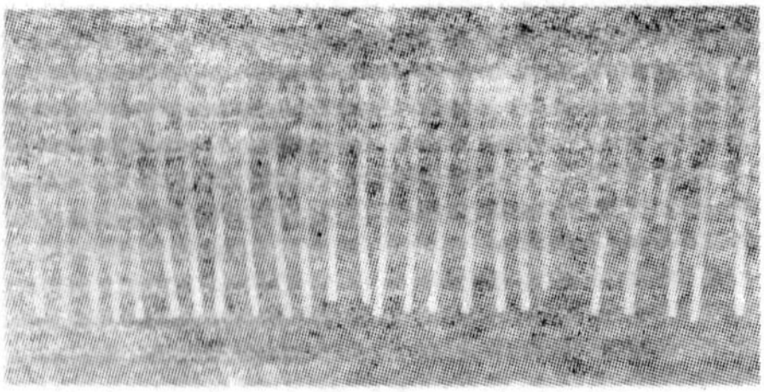

图 1－3　陕西千阳出土的汉代骨制算筹①

春秋战国是中国社会的剧烈转型时期，各种私田相继出现，并出现了相应的按亩收税的制度，这就为算筹的普遍使用奠定了现实基础。春秋战国的许多文献典籍（如《孙子》《老子》《管子》《仪礼》等）都出现了“算”“筹”二字。老子提到：“善计者不用筹策”，可见当时对算筹的运用已经相当普遍。张克复等学者指出春秋战国时期：“筹算在当时已臻于成熟，四则运算方法已经完备，并采用了十进位值制。十进位值制的记数方法和在此基础上以筹为工具的各种运算，是一项

---

① 中国科学院自然科学史研究所主编：《中国古代科技成就（修订版）》，中国青年出版社 1995 年版，第 75 页。

极为出色的创造。这比世界上其他文明古国，如古巴比伦、古埃及和古希腊所用的计算方法优越得多。”①

由以上分析可见，在商代，人们就能运用十进位值制这种最先进的计数法，在春秋战国时代，人们已经能熟练使用算筹这种当时世界上最优越的计算工具进行四则运算。此外，这时期还应用了分数、九九乘法表、勾股定理等数学知识。在测量工具方面，规、矩、准、绳在当时已被应用于生产活动的各个方面。《墨经》一书中提到的十进位值制，“倍”的概念，几何上的点、线、面等概念无不在一定程度上受到当时数学知识的影响。

四　力学思想

中国古代很早就出现了力学知识的应用，力学的发展经历了持续而缓慢的过程。周代开始有很多著作涉及了力学实践和认识，如春秋战国之交成书的《考工记》，战国时期以墨翟为首的墨家的代表作《墨经》。但是，在中国古代并没有出现一部专门的力学著作，力学知识散见于各种书籍之中。

（一）机械制作中的力学思想

我国是世界上发明和利用机械最早的国家之一，在机械原理、结构设计和动力应用等机械制作的相关力学领域中有不凡的成就。古代中国人发明了大量的机械器物，营造了大量著名的工程，反映了中国古代力学知识的丰富。

骨耜　大约在公元前6000—前5000年，就出现了农具，如石刀、石锄、石铲、石镰、骨镰和骨耜。石器时代，人们使

① 张克复、丁海斌：《中国科技档案史纲》，甘肃文化出版社1999年版，第17—18页。

用上述石器时有的用天然绳索把石器和木柄绑在一起，或者在石器上砸孔，装上木柄。人们发现这样做之后，使用工具的时候似乎省下了不少力气，自此这种方法被沿袭了下来。这种做法表明他们从实践中认识到了延长力臂可以增大力量的杠杆原理。

秤（天平）　在春秋时期出现了不等臂秤。秤是中国古代发明的一种重要衡器，其原理是在一根杆上安装支点，一端挂上重物，一端挂上砝码或秤锤，称量物体的重量。古人以“权衡”或“权”指砝码或秤锤，用“衡”指秤杆，所以古代的秤又叫作“权衡”或“衡器”。① 考古发现，位于长沙附近距今约公元前4—前3世纪的战国时期的楚墓中挖掘出来一个等臂秤。

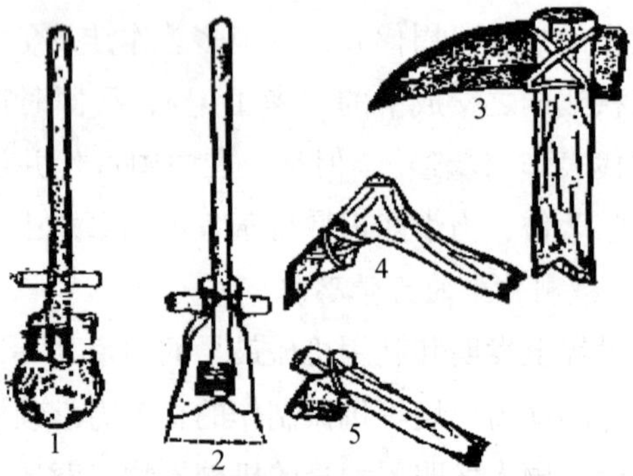

原始社会时期的工具：1. 石铲 2. 骨耜
3. 石镰 4. 石锄 5. 石斧

图1－4　原始社会时期的工具②

① 崔建林等：《科技文明国粹》，中国物资出版社2005年版，第101页。

② 中国科学院自然科学史研究所主编：《中国古代科技成就（修订版）》，中国青年出版社1995年版，第144页。

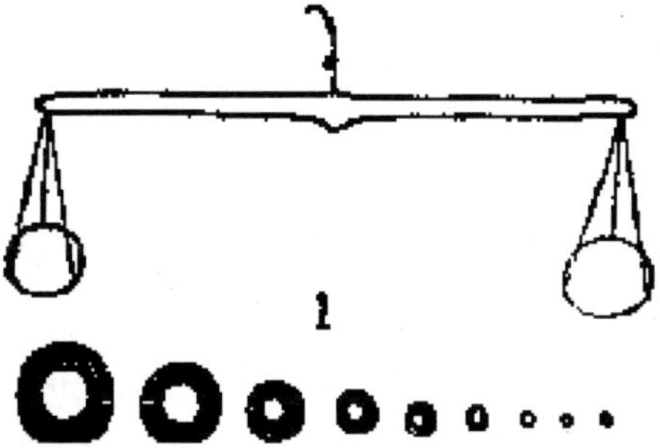

图1－5　楚墓中的天平和砝码①

弩弓　大约在3万年前，我国就发明了弓箭，为中国历史上使用时间最长的古代兵器，原始人利用它来猎物和作战，利用瞬间爆发将积累的力量发射出去，说明了人类已经具备了机械存储力量的知识。春秋时期出现了弩，和弓箭的使用原理是一样的，相比较而言射程更远、杀伤力更强。

（二）《考工记》中的力学思想

有“百工技艺之书”美名的《考工记》属于先秦时期在工程技术和工艺技术方面的著作，其中包含着丰富的科学技术内涵。《考工记》作为最早的手工艺专著，与《墨经》相表里。可以说《考工记》记载的是当时学者对科普知识的总结，《墨经》更多的是倾向于对这些科技信息背后的探索，二者代表的是不同的方向。

在所有的古代科学典籍中，《考工记》最能体现古代工艺技术分工、规范化操作特征。《考工记》所包含的对手工业工艺规范的要求，强调的是一种规范化的思想，对于后人，比如

---

① 中国科学院自然科学史研究所主编：《中国古代科技成就（修订版）》，中国青年出版社1995年版，第145页。

墨子“虽至百工从事者，亦皆有法。百工以方为矩，以圆为规，直为绳，正以县。无巧工，不巧工，皆以此五者为法”显然受到了《考工记》的影响。这种规范化的思想既是社会生产力的发展从而导致对分工细化、提高生产效率的要求，同时也反过来推动了社会生产力向前发展。

下面列举几个《考工记》中体现力学思想的例子。

第一，与车轮有关的力学知识——滚动摩擦理论。“轮人”“舆人”和“辀人”全面介绍了木制马车的设计制造规范，这是世界上最早的车制大全，也是第一部详述木车制造的专著。“国有六职”节有言：

> 轮已崇，则人不能登也；轮已庳，则于马终古登阤也。①

意思是说轮子太高的话，人不容易登车；轮子太低的话，那马就十分费力，好比常处于爬坡状态一样。根据滚动摩擦理论，滚动时轮子的半径越大摩擦力就越小，而实际上考古挖掘的资料表明，这个时期制造的车确实也符合这一规范。

第二，“辀人”的力学知识——惯性力。“辀人为辀”有言曰：

> 劝登马力，马力既竭，辀犹能一取焉。②

---

① 闻人军：《国学经典导读·考工记》，中国国际广播出版社2011年版，第17页。以下版本同。

② 同上书，第20页。

意思是说良好的辀有利于马力的发挥，马不拉了，车还能顺势前进几步。这描绘了惯性现象。

第三，与箭羽有关的力学知识——空气动力学。“矢人为矢”有言曰：

> 夹其（箭杆）阴阳，以设其比（箭括）；夹其比，以设其羽；参分其羽，以设其刃。则虽有疾风，亦弗之能惮矣。①

意思是说将箭干浮于水面，识别上阴，下阳；垂直平分阴、阳面，设置箭括；平分箭括，设置箭羽；箭镞长度为羽长的三分之一，即使有强风，也不会受到它的影响。闻人军先生这样解释：当箭飞速前进时，如因侧风干扰，使头部偏向左方（或右方）；箭矢由于惯性，仍沿原先的方向前进，于是迎面而来的空气阻力有了垂直于箭羽的分力，此分力反过来使箭羽向左（或右方）；箭镞随之向右（或向左）转，抵消了侧风对方向性的影响。按照空气动力学的知识解释，说明箭羽是最早发明的负反馈控制设置之一，箭是一个简单的有负反馈的稳定控制系统。②

关于杠杆定理，墨子指出，称重物时秤杆之所以会平衡，原因是“本”短“标”长。用现代的科学语言来说，“本”即为重臂，“标”即为力臂，写成力学公式就是力 × 力臂（“标”）＝重 × 重臂（“本”）。墨子得出杠杆定理比阿基米德

---

① 闻人军：《国学经典导读 · 考工记》，中国国际广播出版社 2011 年版，第 32 页。

② 闻人军：《考工记导读》，中国国际广播出版社 2008 年版，第 32 页。

早了200年。此外，墨子还对杠杆、斜面、重心、滚动摩擦等力学问题进行了一系列的研究。我们知道，墨子是一个精通机械制造的大家，是个制车的能手，几乎谙熟了当时各种兵器、机械和工程建筑的制造技术，并有不少创造。

先秦时期，工程技术和工艺技术经过了春秋以前的酝酿，到了春秋战国时期技术水平有了突飞猛进的发展，不断创造、不断创新的科学精神催促着古代的能人巧匠做出了一个又一个令世人赞叹的作品。可见，墨子当时社会的科学技术特别是工艺技术已经发展到了相当层次的水平，这种情况给墨子的科学创造提供了源源不断的支持。

第四节　中国古代科技文化的特点

在文明古国中，唯有中国的文明发展历程是不曾中断过的，在如此漫长的发展历程中，中国形成了其独具东方特色的文化。作为中国传统文化的一个子系统，中国古代科技文化同样具有区别于世界其他文明中心科学技术的特点，反射出中国文化的璀璨光辉。爱因斯坦曾指出："西方科学的发展是以两个伟大的成就为基础，那就是：希腊哲学家发明形式逻辑体系（在欧几里得几何学中）以及（在文艺复兴时期）发现通过系统的实验可以找出因果关系。在我看来，中国的贤哲没有走上这两步，那是用不着惊奇的。令人惊奇的倒是这些发现全部做出来了。"①

这就指明了中西方科学体系的巨大差异，那么，与西方相

① ［美］爱因斯坦：《爱因斯坦文集·第一卷》，许良英等编译，商务印书馆1994年版，第574页。

比，中国的科技文化有哪些特点呢？下文将对此作一些简单的讨论。

一　擅长朴素的辩证整体性思维

立足整体，然后顾及局部，这是古代中国科技思想的一大特色，古代的先哲们喜欢以辩证整体性思维来研究事物。那么何谓辩证整体性呢？石云涛先生对此作出了精辟的论述：“辩证整体性是指在观察、研究事物时，总是将其作为变化的、运动的、发展的和相互联系的统一整体来把握，侧重于综合，从整体上研究与该事物相关的结构、功能和联系。而西方则注重分析，即在研究一个具体事物或事物的某一局部或某种属性时，总是把它从错综复杂的联系中分离出来，独立地进行考察和研究。”[①] 据此，我们可以从两方面来理解整体辩证性，一方面把研究对象放在一个大的整体中去研究，同时把研究对象自身也作为一个整体；另一方面它还强调整体对象与外部环境以及整体对象的内部各要素之间的联系性，注重从联系与相互关系来把握事物的整体特征。它不同于西方那种把整体割裂成一个个部分加以独立地考察其实体和属性的方法。

中国这一传统的辩证整体思维体现在多个方面，如《易传·序卦》说：

> 有天地然后有万物，有万物然后有男女，有男女然后有夫妇，有夫妇然后有父子，有父子然后有君臣，有君臣

① 石云涛主编：《中国传统文化概论》，科学出版社2004年版，第199页。

然后有上下，有上下然后有礼义有所错。[①]

从天地万物到男女夫妇，再到君臣礼义，整体自然、社会、人，浑然而为一体。老子提出“道生一，一生二，二生三，三生万物”的自然观、庄子提出“天地与我并生，而万物与我为一”的天人合一论和墨子提出“体，分于兼也”的命题都是立足于整体观。在农学方面，先哲们重视“农时”，以求天、地、人、物的和谐与统一在农业生产和农学理论中占有主导地位。[②] 在天文学方面，中国古代的天文学家们除了观察、记录天象以外，他们还密切关注国家的治乱和人事的沉浮等。他们总是自觉地将不同天象与人间万象联系起来，以天象附会人事，把天、人当作一个整体来看待，“天人合一”的辩证整体观是天文学最重要的指导思想。特别要指出的是传统的中医理论的辩证整体性思维，如《黄帝内经》，从人和自然有机联系的观点来考察人体时说：“自古通天者生之本，本于阴阳……九窍、五脏、十二节，皆通乎天气。”其所阐述的整体观，既包含人体系统的整体观念，也包含人体与外界环境系统的整体观念。传统中医的整体观将人体看作是一个有机整体，人体器官的各种不同功能，是相互区别相互联系的，人体又是阳阳两个方面的对立统一，如果人体能保持阴阳相对平衡和协调，就不会生病，而疾病的发生，则是这种有序整体的平衡遭到破坏的结果。

在古希腊，科学家和自然哲学家对自然的认识普遍地持有

① 陈鼓应、赵建伟注译：《周易今注今译》，商务印书馆 2005 年版，第 741 页。

② 胡火金：《天地人整体思维与传统农业》，《自然辩证法通讯》1999 年第 4 期。

一种孜孜不倦追求知识的兴趣。他们沉思在对天地万物为什么如此的无穷尽的探索中，从具体的整体事物进入到它的构成要素的分析，从内部结构和要素的多样性来解释自然万物存在和自然现象的多样性，这使形成的认识具有概念的明确性，逻辑的一致性，开放性和可证伪性。中国古代科技的辩证整体性思维与此不同，它具有直观性和模糊性，缺乏严密的逻辑推理和公理系统等弊端。但是，这是当时历史条件下的产物，虽然有其弊端，但其长处和历史贡献是明显的，现代科学的许多综合性原理的运用，不少可以在中国古代科技整体观中找到其端倪，如现代科学的时空观就是把时空作为一个辩证的矛盾统一的整体。

二　追求实用性

一般说来，举凡科学技术都有其实用性特点，但是我国古代科技和西方比起来，其实用性则表现得更充分、更明显、更具有特色。这是中国传统文化的必然产物。在史前文化时期，中国传统科学技术的萌芽是从人们日常生活和生产的观察与实践当中总结出来的，同时又反过来指导生活和生产。当阶级乃至国家产生之后，科技总是为一定阶级所掌握、为一定阶级的利益服务，这就导致中国古代科学技术具有明显的政治化、伦理化的倾向。以儒家思想为中心的传统学术文化是典型的入世哲学，治国平天下是其最高的目标。于是，在这个古老的国度里，对科学的研究只被作为官方的需要，科学对国家的实用性成为科学研究的重要动力，特别是明清之际，实学成为一股强大的社会思潮，为中西之间的交流提供了一个契合点。因此，对于古代科技的实用性，我们应从更宽泛的意义上去理解，它不仅指对生活、生产的直接实用，还指对国家政治的实用，这两者常常是相结合的。法国重农学派的代表魁奈指出中国的学问是重实用的，“虽然中国人很好学，且很容易在所有的学问上成功，但是他们在思辨上很少进步，因为他们重视实利，所以他们在天文、地理、自然哲学、物理学及很多实用的学科上有很好的构想，他们的研究倾向应用科学、文法、伦理、历史、法律、政治等看来有益于指导人类行为及增进社会福利的学问”①。

中国古代的科技被赋予与朝廷更替、国计民生息息相关的密切关系。这在天文学方面表现得最突出，邢兆良先生曾指出：“中国传统的天文历法一直是和王朝的政治兴衰、更替密切相关。虽然中国传统天文学对天象的观测和资料有长期的积累，为天文学的发展准备了大量的经验材料，但是中国传统天文学没有形成几何——力学模型的天体结构理论。历法的制定是中国传统天文学发展的起点和终点。”②

按照中国的传统，制定历法是君主的特权，是君主确立世俗秩序的权力标志之一，并且不同的天体被赋予不同的意义，如以日喻君主，以月喻后，以南北极星宿喻群臣和以众多的小星喻下民。这明显地表现出一种等级秩序关系。统治者常常利用天文学作为他们改朝换代、篡权夺位、祈祥避灾的工具。如春秋战国时期，由于争霸战争导致生灵涂炭，诸侯国的更替频繁，此时术数家乃创“五星失行，州国受殃”说，西汉董仲舒创“三统说”为汉朝的合理统治提供理论支撑。

① 刘钝、王扬宗编：《中国科学与科学革命：李约瑟难题及其相关问题研究论著选》，辽宁教育出版社2002年版，第77—78页。

② 邢兆良：《中国传统科学思想研究》，江西人民出版社2001年版，第176页。

当然，天文历法的实用性更多地体现在日常的生活和农业生产上。史前文化时期，先民们由渔猎进于农耕，仰观天文以测寒暑晴雨之节气，作衣食住行之准备。五谷的种植收获必须依赖风调雨顺，因此仰观天象定四时实为农人之急务。古籍中有许多关于察天时以安排农时的记载，如《淮南子·主术训》云：

> 昏张中则务种谷，大火中则种黍菽，虚中则种宿麦，昴中则收敛畜积，伐薪木。①

天文学如此，医学、数学、农学等也无不体现了这种实用性。例如数学，在西周时期作为“六艺”之一的“数”被当作基本教育的内容之一，郑玄释《周礼》中的“九数”为方田、粟米、差分、少广、商功、均输、方程、勾股等项内容。显然这些都是关系到国计民生的关键领域，比如丈量田亩、兴修水利、分配劳力、计算所收、运输粮食等需要经常用到的。

王充说过：

> 为世用者，百篇无害；不为用者，一章无补。②

在这种思想传统的指导下，科学的实用性贯穿其发展的历程。近代中国对西方科学顶礼膜拜的重要原因也无不在于西方科学利国利民的实用性。从总体上说来，古代中国的科学技术具有实用性特征，但也不乏像刘徽《九章算术》中所

---

① 陈广忠译注：《淮南子》，中华书局2012年版，第488页。

② 杜占明主编：《中国古训辞典》，北京燕山出版社1992年版，第306页。

蕴藏的微积分那样高度理论抽象的思想。追求科学的实用性在人类发展的早期促进了生产力的发展和社会的进步，但也使得对事物发展规律的探索不够，缺乏将科技有效地转化为生产力并成为科技进一步发展的动力的意识。也由于中国人过于注重实用性而缺少西方学者那种由于好奇而追求纯知识的精神。

三 注重感觉经验方法

在古希腊，感觉经验常常遭到怀疑和否定；而在中国，感觉经验具有很高的地位，中国古代科技的卓著成就，大都是停留在直观的经验性的概括上，这主要体现在中国科学真正形成定律、原理的学说不多。

中国注重经验方法的特点可追溯到史前文化时期，如史前人类对文字的创造，中国的汉字有大量的象形字，这是祖先对于日常感觉经验积累的结晶。正如现代古文字学家指出的："就目前所能见到的数以千计的古汉字形体而论，绝非一人一时所创造，而是广大群众集体智慧的结晶。是他们在长期的生产与生活当中，因时因地不断地观察、思考和创造，并经过若干年代的积累，逐渐形成共同使用的文字。"① 《周易》则提出了仰以观于天文，俯以察于地理。②

"仰观天文，俯察地理"的观察经验方法，其唯象思维也是基于感觉经验的体现。所以林振武先生说："先秦诸子百家除了道家之外，大都主张或同意经验的方法，并且为这种方法

---

① 高明：《中国古文字学通论》，文物出版社 1987 年版，第 31 页。

② 陈鼓应、赵建伟注译：《周易今注今译》，商务印书馆 2005 年版，第 593 页。

的发展做出了一定的贡献。墨家是对经验知识看得最重的一个学派，墨子把经验作为认识的基本方法。”① 再如生物学著作主要是记述生产经验，很少提出规律性的认识；医药学基本上是经验的汇编。天文学也主要是记载观测数据及观测到的现象，对隐藏在现象背后的原因不加深探究。我国古代对天象的观察记录是非常卓越的，但却很少能从中总结出一些天象出现的相关规律。如对哈雷彗星的记载，据统计，“从春秋战国时期到清末的二千多年，共出现并记录的有三十一次。其中以《汉书·五行志》汉成帝元延元年（公元前 12 年）记载的最详细”②。即使有如此丰富详细的记录，我国古代的天文学家还是没有发现哈雷彗星出现的平均周期是 76 年。

由于对感觉经验的过分重视，中国古代科技的突出成就大都是体现在技术方面，而理论、技术、实验相互促进并一体化发展的自主性较差。如表 1 – 2 和表 1 – 3③ 所列的西方与中国历代在理论、技术、实验所占比重的对比：

表 1 – 2　　西方理论、实验、技术在各世纪总积分中所占比重（%）

时间（世纪）	–6	–5	–4	–3	–2	–1	1	2	3	4	……	12	13	14	15	16	17	18	19	平均
理论	49	57	77	72	38	51	70	60	75	18	—	90	21	2	5	47	61	31	33	47.6
实验	9	8	11	12	37	25	13	6	6	46	—	5	23	1	6	20	22	20	29	16.6
技术	42	35	12	16	25	24	17	34	19	36	—	5	56	97	89	33	17	49	38	35.8

① 林振武：《中国传统科学方法探究》，科学出版社 2009 年版，第 76 页。

② 中国科学院自然科学史研究所主编：《中国古代科技成就（修订版）》，中国青年出版社 1995 年版，第 14 页。

③ 王新婷等主编：《中国传统文化概论》，中国林业出版社 1997 年版，第 220 页。

表 1-3　　中国历代理论、实验、技术在各世纪总积分中所占比重（%）

朝代	春秋	战国	秦	西汉	东汉	魏、西晋	南北朝	隋	唐	五代	北宋	南宋	元	明	清	平均
理论	12	23	0	6	10	13	15	2	8	—	1	19	8	16	40	12.6
实验	2	8	0	9	14	1	13	0	11	—	6	7	12	3	1	6.2
技术	86	69	100	85	76	86	72	98	81	—	90	74	80	81	59	81.2

从中可以看出中西古代科技在理论和应用上的不同偏向。尽管中国缺乏理论科学与实验科学的这种内在缺陷，但并不影响古代人们在有限范围内对自然知识的应用。因为古代社会中，人们对自然各个领域的认识本身还处于较低的阶段。经验性的科学知识和实用性的技术已经可以满足人的基本需要，在此时对形成抽象严密的科学理论体系的要求并不十分迫切。有学者指出："中国古代科技的特点可以适应于古代社会的要求，而且某种程度上比古希腊科学对古代社会的实用价值更大。所以，在把人类自然知识应用于人的实际需要方面，中国文明比西方文明有效很多。"① 立足于观察的感觉经验在科学研究中有其突出的贡献，正如门捷列夫所认为的那样，科学的原理起源于实验的世界和观察的世界，观察是第一步，没有观察就不会有接踵而来的前进。当然，如果感觉经验没有上升到理论认识，科学则无法进一步前进。

① 陈炜：《从中国古代科学技术的特点再解"李约瑟难题"》，载郝翔、刘爱玲主编《科学·历史·文化——科学史、哲学史论文集》，湖北科学技术出版社 2006 年版，第 39 页。

第五节　结语

从上文的分析中可见，在先秦时期中国科技就取得了辉煌的成就，史前文化时期就出现了科技的萌芽，春秋战国时期初步形成的科学思想和特点影响了古代中国的传统科技文化。古代中国科技文化起源于中国本土，又发展于中国本土文化的土壤之中。这一方面得益于当时中国与世界其他文明中心处于相对独立的地理位置。由于帕米尔高原和喜马拉雅山的阻隔，直到公元前 1000 年前，中国和其他各国的接触还极其有限，这就给中国发展起本土的科技文化以相当大的空间。另一方面，中国文明过早地进入高级阶段，使之与生俱来就带有一种优越感，四周的文明对它的顶礼膜拜使这种优越感得到了强化，尽管后来随着地域限制被打破，交往越来越频繁，但中国思想和文化模式的基本格调却保持着明显的、从未间断的自发性。外来文化反而往往被本土化，例如佛教的传入就是如此。由此，可以佐证外来文化的影响从来就没有多到足以影响中国特有的文化及科学格调。这种状况一直持续到近代，近代西方科技文化的强势引发了中西的百年文化之争，中国的科技文化乃至其他方面才逐渐转型。中华民族这个古老而智慧的民族积累了几千年辉煌灿烂的文化同时在先秦时期就孕育了深厚的科技文化，这就为墨子科学思想体系的形成提供了肥沃的土壤。

第二章　墨子重实践的品格

——一种历史地理学的视角

墨子、鲁班、奚仲这些人，最大的特点是有学问且不鄙视技术。有理论又非常讲究实践、动手，这种传统在中国传统文化中是很特别的。

——钱文忠

第一节　引言

“北辛陶纹，征东夷文化之昌明；奚仲车式，纪三代器物之专精。苍天眷亲，先贤孕英。催生圣婴成一代钜子，教化黎民树累世奇功。高扬平等博爱之大纛，首倡和谐圆融之愿景。‘兼爱’、‘非攻’、‘尚贤’、‘尚同’。濡渥风习，淬铸道统。究天人以通幽微，格物事而发钥扃。几何初制，珠算定程。小孔成像，飞鸟影动。‘力’施物‘奋’，‘标’适称‘衡’。科技创新，凿破鸿蒙。正‘名实’以论真伪，举‘坚白’而资验证。‘故’、‘理’陈‘辞’，‘三物论’成。泰西中土，逻辑齐荣。习战阵以御敌侮，说楚王而罢攻宋。兵法修列，万国仰宗。长歌睿智光芒之瑰丽，浩叹经典庋藏之饶丰。泰山无以比其峻极，黄河岂可拟其恢宏。内共华夏儒家道祖以比肩，外与希腊哲学泰斗而抗衡。洵为中国科技父尊，不愧世界文明祖庭！科圣已去，斯文未荒。墨学自西学东渐以复振，科技逢劫后新纪而重光。隆经济以乘扶摇，护民生而达康庄。墨圣燃炬导夫前路，吾侪踵武趁其韶光。诸业恒谋偕进，计功宜放眼量。祚当世以怀老幼，荫后代而泽绵长。斯国人喁喁之企盼，亦墨圣殷殷之瞩望。即布虔敬，伏惟尚飨。"①

这是公元二零零九年五月十六日祭墨大典的祭文，由著名的墨学专家姜宝昌教授所作，祭文所列的墨家在科技等方面的贡献足以与古希腊诸贤相伯仲。

滕州市位于山东省南部，历史悠久，古为"三国五邑"②之地，足见当时此地开发程度之深。这里是滕、郳、薛等氏族

---

① 记者鞠宗武、通讯员张辉：《追寻科圣任重道远——访祭墨大典祭文撰写者姜宝昌教授》，http：//www. zaozhuangdaily. com. cn/lnck/2009/05/20/12. htm，2009年5月20日。姜宝昌教授是山东省青岛市人，曾任山东大学中文系副主任、国际教育交流学院院长等职，现任中国墨子学会副会长、中国诗词学会名誉会长。

② 在滕州考古学发现北辛遗址、岗上遗址等文化古迹，根据《春秋》《国语》《史记》以及滕县旧志的记载，地下实物与纸上遗文相互印证，滕州境内在先秦时期为"三国五邑"。何为"三国五邑"？在明万历年间的《滕县志》记述比较详细："以今图按之，县治为小郳地，西南滕城为滕地，南城为薛地。而三国外，诸国地又多所分割。如东北漷水、东南昌虑，皆为郳地；东之斗城，齐灵丘也；西之郁郎，鲁郎邑也；西南戚城，戚县也；而欢城、湖陵、滕壤皆得至焉。或分其半，或割其一隅，多者数十里，少者数里。横百七里而遥，纵或倍之；水北等社，东北缭绕泗、费百三十里，泉河等社，越利国而孤悬东南徐邳间二百余里而犹隶滕者，岂所谓犬相制之势然欤。"这段话比较概括地反映出黄帝至秦汉时期滕州的历史面貌。由于这段时间长达数千年，各历史时期的"国"与"邑"变化较大，不可能是"三"或"五"。"三国五邑"只是对历史的习惯概说而已。按照现在的行政区看，"五邑"绝大部分已不属于滕州，三国指滕国、薛国、小郳国（参见李广星《滕州史话》，中华书局1992年版，第20页）。

的摇篮和商代始祖的发祥地。[①] 滕州考古发现了许多著名的考古遗址：距今7000多年前的“北辛文化遗址”、距今4500—6400年前的“岗上遗址”、距今4350—3950年前的“龙山文化遗址”等。滕州人杰地灵，自古就是科技人才辈出的地方，如共同制造舟的番禺和奚仲父子，发明车的奚仲，“科圣”墨子，木匠祖师鲁班。其中墨子是中国百科全书式的人物，据有人统计[②]：“墨子现存的自然科学发现有四五十条之多。即一些数学概念和理论19条，空间和时间5条，运动和静止2条，五行1条，不同物理量不能相比1条，物质不灭1条，力学和几何学简单机械8条，光和影、针孔成像和球面反射镜成像理论8条，测臬影定南北方位问题2条。”

如今的滕州，在古代属于小邾国。[③] 墨子生活在这样一个技艺高超、崇尚科学的地方，其特殊的历史地理环境在一定程度上造就了墨子丰富的科技思想和重实践的品格。墨子是中国科学技术史上的杰出人物，也是历史科技地理研究的重要人物之一。本书将从历史地理环境的角度研究墨子生活所处的环境对其科技思想的影响。

---

① 在中国内地，由于宗法制度的影响，以汉族姓氏命名起源很早。殷商、西周以降，封邦建国，便有以姓氏称谓命定诸侯国名及封邑地的情况，进而演变为地名。（参见陆韧《云南汉族移民与汉族姓氏地名初探》，《历史地理第二十辑》，2004年，第299页。）

② 郭克煜等：《鲁国史》，人民出版社1994年版，第418页。

③ 我国著名的历史学家、墨学专家张知寒教授对墨子的里籍进行了详细的考证。1987年，张知寒在《枣庄日报》上发表了《墨子原为滕州人》。1988年，他在《滕县文史资料》第四期上刊出《墨子里籍在今日滕州说》。1988年，他又在《山东社会科学》上发表《墨子里籍新探》。1989年，他又发表两篇文章进一步论述墨子的里籍问题。张知寒先生考证古代的小邾国所在地是墨子生活的地方，即今天的滕州。

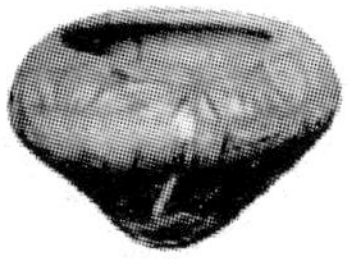

盖鼎（北辛出土）

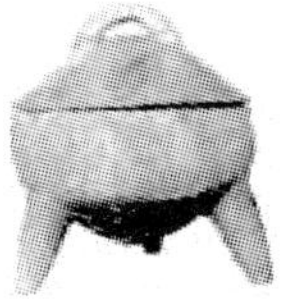

彩陶（大汶口文化）

黑陶杯（龙山文化）

不其簋（西周）

滕侯簋（西周）

图2－1　滕州出土的考古文物①

第二节　薛国——舟和车的制造中心

舟和车的发明在世界科学技术史上占有重要的地位，在制造舟和车的过程中会应用到力学、数学、冶金技术等相关的科学技术知识，因此，舟和车的制造过程是当时科学技术先进性的重要表现。薛国是舟和车的制造中心，从今天行政区划来看，薛国在滕州境内。舟和车的出现促使交通运输和农业生产获得了长足的发展，也为军事战争提供了交通运输的工具和武器，进而改变了人们的生活。墨子生活在这样一个拥有先进科

① 参考图片来自滕州党政信息网滕州风光一栏《文化古迹》，http://www.tengzhou.gov.cn/ly/tzfg/t20040701_1692.htm，2004年7月。

学技术的地方，无疑会受到浓郁的科技文化氛围的影响，进而有利于其重实践品格和科技思想的产生。《墨子》这样一本包含了众多当时先进自然科学理论的著作，与当时的科技进步是密切相关的。

据专家研究①，著名的发明家番禺和奚仲共同发明了舟，这与中国的地理环境密切相关。由于中国是一个水系发达的国家，水上交通工具的出现对社会的发展起到至关重要的作用。在没有发明舟之前，天然的河流和湖泊成为古代先民交往的一道屏障，同时也阻碍了经济的发展和文明的互通。舟的发明解决了水上运输的难题，方便彼此相距遥远的人们进行两地的信息交流和经济交往，从而促进了人类文明的进步。舟的发明是一项了不起的科学技术成就，在其制作过程中会应用到很多自然科学知识。如首先要选好造舟的材料，又要懂得力学的知识，特别是关于舟在水上浮力的问题，还涉及数学、工程学等学科的知识。从《墨经》相关记载中可以看出，舟的制造和使用，对墨子的科技思想有巨大的启发作用。在《墨经》中记载了有关浮力的原理。

《墨经》说：

> 荆之大，其沈，浅也，说在具。（《墨子·经下》）
>
> 荆沈，荆之贝也，则沈浅非荆浅也，若易五之一。（《墨子·经说下》）

---

① 在李广星先生的著作《滕州史话》奚仲造车这一章中，李广星先生说，奚仲生活在夏初，出生在一个文化科学技术水平较高的世家。奚仲的父亲是个大发明家，研制成功了舟，解决了水上运输的困难（参见李广星《滕州史话》，中华书局 1992 年版，第 24 页）。

这说明墨子已认识到物体在水中所受到的浮力。

人类在拥有了舟船以后，可以通过水运把一个地方的物质能源运到另一个地方，水运航行不仅速度快，而且节省运输成本。这样就加快了物质的交换，促进了经济和社会的发展，增进了人们的交流。此外，人们不仅需要水运方面的交通工具，还需要陆路方面的交通工具。在舟发明以后，车的制造就成了必然的需要。关于奚仲造车在我国历史文献中的记载是相当多的：

奚仲作车。(《墨子·非儒篇》)

奚仲作车，乘杜作乘马。(《荀子·解蔽篇》)

奚仲之为车也，方圆曲直，皆中规钩绳，故机旋相得，用之劳利，成器坚固。(《管子·形势篇》)

奚仲作车。(《吕氏春秋·君守篇》)

薛之皇祖奚仲居薛，以为夏车正。(《左传·定公元年》)

奚仲居薛，以为夏车正。(《左传·襄公九年》)

奚仲作车。(《淮南子·修务训》)

苍颉作书，奚仲作车(《论衡·对作篇》)

车，舆轮之总名也，夏后时奚仲所造。(《说文解字》)①

近年，中国社会科学院考古研究所在山东省滕州市掌大商代墓地的发掘过程中，于薛国贵族的墓穴中发现了随葬的车马，这印证了春秋战国时期车的发明。令专家倍加惊喜的是：此次出土的马车，除了主体结构是木制外，其他许多配件均已

① 衡云花、黄富成：《技术发展与先秦古车起源蠡探》，《中原文物》2007年第6期，第51页。

采用青铜铸造。

图 2－2　山东滕州前掌大商周贵族墓地[①]

车是古代一种先进的交通工具，可以说它是近代汽车的雏形。造车是一项复杂的工艺，它涉及很多科学技术知识，如轮木的加工、拼接与组装技术、冶金技术、力学原理、杠杆原理、圆周的理论、数学的计算等。墨子具备了高超的造车技术并进行了相关理论的总结，这主要体现在《墨经》中。

《墨经》说：

圜，一中同长也。（《墨子·经上》）
圜：规写支也。（《墨子·经说上》）

这是关于“圆”的定义和画圆的方法，与古希腊不同，

① 参见山东滕州前掌大商周贵族墓地 http：//www. wenwu. gov. cn/ShowArticle. aspx？ArticleID＝40。

它在很大程度上不是纯几何学的，而是一种工艺规范。先民在车轮制造过程中已经运用了圆的理论，但这只是初步的技术经验，墨子在此基础上对圆的理论进行了总结，从技术层面上升到了理论层面。

《墨经》说：

> 倚者不可正，说在剃。（《墨子·经下》）
> 倚：倍拒坚，䠶，倚焉则不正。（《墨子·经说下》）

这条理论是说明一种特殊的机械——车梯，分析了物体在斜面上的运动。墨子已经观察到了沿斜面往上拉东西要比垂直往上拉东西省力的现象。

春秋时期战争的主要方式是车战，我们从历史文献的记载和考古发现可以证实这一点。当时各国武装力量的衡量是以战车的数量来计算的。鲁、郑、宋等小国战车一般平均在千乘以上，晋、齐、楚、秦等则有几千乘至万乘。[①] 据《左传》所记，公元前 529 年，鲁国请晋、齐、宋、卫、郑等国举行“兵车之会”，仅晋国就出动了“甲车四千乘”，总数就更多了。[②] 由于当时的战争环境和人们生产生活的需要，对车制造生产的需求量非常大。这就需要一个强大的工匠团体，墨子和鲁班都是滕州人，也是当时制造工艺的高手，当时在薛、滕、小邾有很多这样的工匠制造者，他们在当时受到各国的欢迎。战争和生活的需求促进了车、舟船的制造和技术工艺的发展，并促进了相关科学技术的发展。

---

① 中国国家图书馆编：《文物春秋战国史》，中华书局 2009 年版，第 104 页。

② 陆敬严：《图说中国古代战争战具》，同济大学出版社 2001 年版，第 121 页。

图 2－3　古车马坑[①]

墨子不仅是一位技术工艺的制造家，还是一位具有理论的科学家，这得益于其生活的人文和地理环境。墨子所生活的薛国不仅是舟和车的制造工艺中心，还是许多其他古代工具的发明地，如石磨、锯、箸、履等。墨子的科技思想深受当时薛国这种崇尚学术、喜爱科学文化的影响。此外，墨子在制造舟和车以及其他工具的实践过程中，总结了其中所包含的科学技术理论知识，为其科技思想的产生与发展奠定了文化基础。

第三节　与墨子同时代的鲁班

本章主要是讲述历史地理环境对墨子科技思想的影响。为什么又要讲述鲁班呢？众所周知，鲁班在工艺方面具有代表性，鲁班的技术在当时是闻名天下的，墨子与之相比其工艺技术有过之而无不及，但在历史文献中关于墨子在工艺方面的直接记载是比较少的。鲁班和墨子既同时代又在同一个地方成长，我

① 参见中国的地下博物馆——临淄之二 http：//chuanfuliu. blog. sohu. com/45656094. html 2007－05－11.

们叙述鲁班的工艺技术，在很大程度上也就侧面反映了同时代的墨子在工艺方面的水平。所以这里把鲁班和墨子放在一起写，以便探讨当时的历史地理环境对他们科技思想的影响。

中国古代不少古籍有关于鲁班和墨子木工技术的记载：

> 鲁般、墨子以木为鸢而飞之，三日不集。（《淮南子·齐俗训》）
>
> 鲁般、墨子之巧，刻木为鸢，飞之三日而不集。（《论衡·儒增篇》）①

可见，墨子的木工技术很高，可与鲁班相媲美。

在春秋战国时期战争如此频繁的时代，鲁班发明制造了很多军事武器和工具，在《墨子》中有多处记载：

> 公输盘为楚造云梯之机械，成，将以攻宋。（《墨子·公输》）

云梯是一种用来攻打对方城池所制造的一种攀登工具。

> 公输子自鲁南游楚，焉始为舟战之器，作为钩强之备，退者钩之，进者强之，量其钩强之长，而制为之兵。（《墨子·鲁问》）

“钩强”也叫“钩拒”“钩镰”“撩钩”，在水战中它既可

① 任守景主编：《墨子研究论丛（八）上》，齐鲁书社 2009 年版，第 34—35 页。

以拉近敌船，又可以推远敌船。“钩强”在水战中很重要。①

> 公输子削竹以为鹊，成而飞之，三日不下，公输子自以为至巧。子墨子谓公输子曰：“子之为鹊也，不如匠之为车辖。须臾刘三寸之木，而任五十石之重。故所为功，利于人谓之巧，不利于人谓之拙。”（《墨子·鲁问》）

据说当时可以用木鹊当作信息传递的工具，还可以侦察敌人的军情。不管是否可以传递信息或侦察敌情，能够削鹊三日不下，这反映了鲁班技艺之巧之精。

《墨子·备城门》诸篇是墨子在军事工程方面的记载。

> 转射机，机长六尺，貍一尺。两材合而为之辒，辒长二尺，中凿夫之为道臂，臂长至桓。二十步一，令善射之者佐，一人皆勿离。（《墨子·备城门》）
>
> 蛾傅者，将之忿者也。守为行，临射之，校机藉之，擢之。（《墨子·备蛾傅》）

墨子还制造了其他的守城武器。因春秋战国时期特殊的社会环境，墨子在当时制造和发明了许多守城的军事武器，从中我们可见墨子和鲁班在工艺制造上都有过人的本领。鲁班从事木工，是一位伟大的建筑师，他擅长营造工艺技术。墨子同样也是一位工艺制造的高手。

鲁班是土木工匠的祖师，他发明的东西很多，如曲尺、刨子、钻子、凿子、铲子、锯子、石磨，他还改进了锁，制造了

---

① 陆敬严：《图说中国古代战争战具》，同济大学出版社 2001 年版，第 121 页。

云梯和钩拒，刻制了立体的石州地图，他的母亲改进了墨斗，妻子发明了伞。①

铲——铲是一种掘地工具，据《古史考》记载：“公输般作铲。”

钻——钻是一种穿孔工具，在《物原》中说：“般作钻。”般在这里指鲁班。

刨——刨是一种平木工具，据《事物绀珠》记载：“推刨，平木器，鲁班作。”

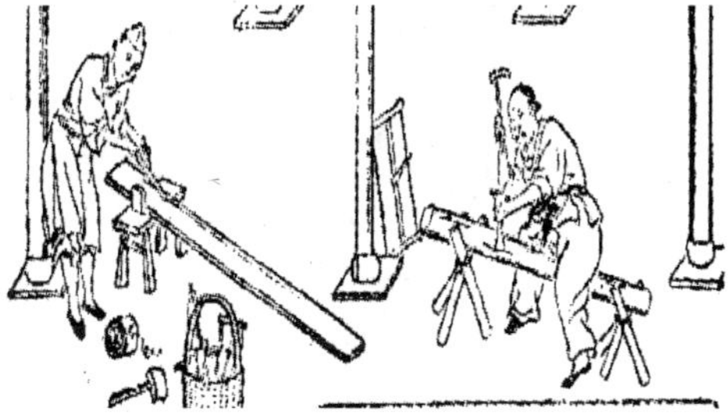

图 2－4　木工

图 2－5　木工

锯——民间传说锯为鲁班发明。由于冶铁技术的发展，到

① 王玉德、杨昶、欧薇薇主编：《中华五千年奇闻异事博览（下）》，广西师范大学出版社 1991 年版，第 42 页。

春秋时，铁锯代替了青铜制作的锯。铁的硬度要高于用青铜制造的工具，这为当时人们开发自然提供了有力的工具。

鲁班尺（曲尺）——在今日木工中常用的工具中有“尺”，尺分曲尺和直尺两种。曲尺最早的原始名称叫“矩”。《墨子·天志上》说：

> 轮匠执其规矩，以度天下之方圜。

轮匠，造车的工匠。规矩，圆规和曲尺。度者，计量。

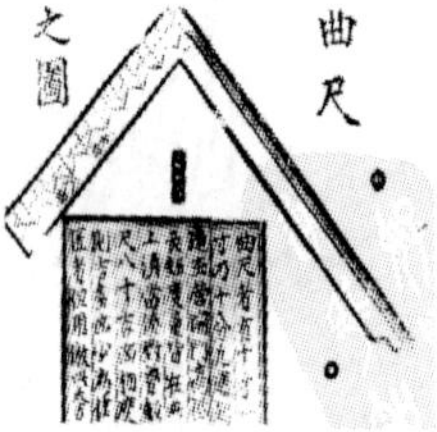

图2－6　《鲁班经》曲尺图①

图2－7　武梁祠画像中的“矩”②

---

①　孙宗文：《中国建筑与哲学》，江苏科学技术出版社2000年版，第570页。

②　山东嘉祥县武梁祠画像石刻中伏羲手中所持的“矩”。孙宗文：《中国建筑与哲学》，江苏科学技术出版社2000年版，第568—569页。

墨斗——是木工常用来作为弹线的工具，系鲁班发明。

这些都是在营造工艺方面重要的工具，对工程建筑方面的发展意义重大。

在滕州这么一个地方，同时代出现两位同样出色的科学技术天才，他们言传身教，徒弟遍布各地，这不能不说鲁班和墨子的工艺技巧是受滕州当时当地教育文化习俗的影响。鲁班是木匠的祖师，他的一系列发明制造是建立在不断实践基础上的，如果没有经过亲身实践的应用，很难发明出这么多制造工具。可见鲁班具有重实践的品格，从鲁班的身上，我们可以推测，在制造工艺方面同样卓越的墨子也是一位拥有重实践品格的科学家。钱文忠教授在百家讲坛《班墨传奇》栏目中，对鲁班和墨子科技思想的产生做了精辟的论述：孕育墨子和鲁班科技成就的是小邾娄国文化，在泗水河畔，在大的范围属于邹鲁文化。在春秋战国时代，自然科学成就最高就是这里了。这种文化具有两个特点：（1）崇尚和平、反对战争、推崇仁义；（2）自然科学和科技水平极高。我们所使用的箸（筷子）就是滕州发明的，履（鞋子）也是滕州发明的。在此地，人们喜学术、好技艺，颇似希腊雅典。墨子、鲁班、奚仲除了有学术外，不鄙视技术；墨子、鲁班、奚仲除了有理论以外，经常研究动手实践。这在中国传统文化中是非常有特点的。

这就是墨子时代的工艺。通过钱文忠教授对鲁班和墨子的解读，可知墨子这种重实践的品格，是促成他科技思想的重要品质，墨子科技思想的产生与当时的历史人文环境、地理环境都是密不可分的。

第四节　气候与农业

一　春秋战国时期的气候

气候在历史时期并不是一成不变的，我们应当更充分地评估气候变化带给早期人文历史的影响。在古代社会，气候的变化对人类各方面的影响是巨大的。黄河中下游平原最早成长为中华民族的摇篮，主要得益于得天独厚的自然条件，其中最重要的是气候因素有其独特性，两者的关系可以归结为在东亚季风气候的作用下，气温适宜，四季更替，冷暖分明，风雨不时，旱涝频至，文明早熟。东汉著名科学家张衡（字平子）《西都赋》中

> 处沃土则逸，处瘠土则劳，
> 惨则鲜于欢，劳则褊于惠。

的表述，正是对文明初兴时期具体环境中人—地关系的恰当概括。[①] 气候对人类文明的影响是巨大的，气候条件优越可以使一个地方文明延续，假使气候条件突变，会使一个地方的文明衰退，甚至灭亡。墨子科技思想是我国传统优秀文化中重要的组成部分，我们对墨子科技思想的研究讨论，自然离不开对当时气候条件的研究。下文我们将探讨墨子生活的春秋战国时代气候条件的状况是否会对墨子科技思想的产生发展起到促进的作用。

---

① 侯甬坚：《历史地理学探索》，中国社会科学出版社2004年版，第416页。

1972年，竺可桢先生发表了关于中国近五千年来气候变迁的初步研究论文，文中给出的5000年来中国温度变化曲线已被学术界尊崇为“竺可桢曲线”①。竺可桢先生对中国历史气候的变迁做了详细的论述。他依据中国丰富的历史文献资料和考古发掘材料，论证了我国近五千年来气候变迁的规律。现代学者在竺可桢先生开拓领域的基础上，进一步论证了中国近几千年来气候的变化。古代社会气候的变化对人类各方面有着不同的影响，这是值得我们思考和探究的问题。

竺可桢先生认为，在春秋时期气温变暖，战国时代气候依然继续，到了秦朝和前汉继续温和。② 满志敏教授在《中国历史时期气候变化研究》一书中对历史时期气候的变化进行了深入的研究，对某些历史时期气候的变化有了新的见解和论证。据满志敏教授研究春秋时期的气候变化要比现代温暖，黄河中下游地区的春季温度和冬季最低温都要比现代高些，但在春秋时期以后中国东部的气候又趋于寒冷。尽管中国东部气候转向寒冷的时间目前还缺少史料证据，可是有关资料表明至少在战国末至西汉初这段时间里，黄河中下游地区已经比现代寒冷。③ 墨子生活在春秋末战国初（约公元前480年到公元前388年）。气候有它稳定性的一面，也有它变动性的一面。如上所述，墨子生活的时代的气候是一个由温暖期逐步过渡到寒冷期的一个时代，这是一个过渡的时段，但从史料中可以推理出这段时间气候变化不会太大。

---

① 侯甬坚：《历史地理学探索》，中国社会科学出版社2004年版，第412—413页。

② 竺可桢：《竺可桢文集》，科学出版社1979年版，第479—480页。

③ 满志敏：《中国历史时期气候变化研究》，山东教育出版社2009年版，第140—141页。

竺可桢以一则独特的材料确证了春秋时期气候的转暖。据《左传》记载，在今山东南部，当时郯国人民往往以家燕的最初到来确定春分的来临。然而，现今春分时节家燕再也不可能按时到达山东省了，而是到达长江入海口处的上海一带。这一资料可说明春秋时期今山东南部气候类似于今上海气候。通过比较目前山东和上海两地气温的差异，我们可知两地气温的变化量。山东省青岛地区年均温度为12.1℃，而上海为15.3℃，这说明东周时中国北部气温可能比现在高3℃。[①] 孟子（约公元前372到公元前289年）说：

> 今夫麰麦，播种而耰之，其地同，树之时又同，浡然而生，至于日至之时，皆熟矣。虽有不同，则地有肥硗，雨露之养，人事之不齐也。[②]（《孟子·告子章句上》）

说明当时齐鲁地区农业种植可以达到一年两熟。荀子（约公元前313到公元前238年）也证实此事。

> 今是土之生五谷也，人善治之，则亩数盆，一岁而再获之。（《荀子·富国篇》）

荀子说，在他那时候，好的栽培家，一年可生产两季作物。荀子生于现在河北省的南部，但大半时间在今山东省工作，大约相当于现在山东之南江苏之北。近代以来直到新中国

① 布雷特·辛斯基等：《气候变迁和中国历史》，蓝勇、刘建、钟春来、严奇岩译，《中国历史地理论丛》2003年6月第18卷2辑，第55页。

② 杨伯俊译注：《孟子译注》，中华书局1960年版（2003年重印），以下版本同。

成立，在淮河北部习惯于两年轮种三季作物，季节太短，不能一年种两季。① 墨子生活的年代在孟子和荀子之前，如果说春秋时期的气候温暖，到战国末期气候趋于寒冷，在孟子与荀子的年代作物还是可以一年两熟，由此可以说明，墨子生活年代的气候应该要比孟子和荀子的时代要暖和，即使处在过渡的时期，应该还有春秋时期温暖气候的延续。

据上所述，山东位于黄河的下游，在春秋战国时期，农作物可以一年两熟。气候比较温暖，在这样的条件下，农民不仅可以更多地参加劳动，墨子也可以更多地从事实践活动。这样的气候对生活在春秋战国时代的墨子来说是非常有利的，墨子和他的弟子就可以进行更多的实验研究，进行更多的实践活动，思考的问题也会更加深入。科技的发明是在实验研究基础上的，只有通过不断的实验才能成功。在古代社会中，拥有如此好的气候条件，对研究科学技术实验有非常大的帮助。墨子在这样的气候条件下进行科学技术研究，这对墨子重实践品格的铸造有巨大的作用。

二　气候对农业的影响

卡尔·马克思说：人们首先必须吃、住、穿，然后才能从事政治、宗教和哲学等。中国古语云：

> 仓廪实而知礼节。

农业生产经营是古代中国的经济基础，只有当人们满足了物质层面的需要才能够从事其他方面的事情。农业生产必然离不开

① 竺可桢：《竺可桢文集》，科学出版社 1979 年版，第 480 页。

气候，气候变化影响气温和降雨进而影响农业生产。在传统社会里，生产技术和生产方式在很大程度上受自然条件的限制，恶劣的气候、作物病虫害等诸多潜在的祸患便成为农业生产成败的决定性因素。在这种情形下，瘟疫和作物疾病很可能因天气变化而起。中国农作物年产量也存在随气候变化而变化的现象。[①] 鉴于气候和农业生产在古代的关系密切，所以讲述影响墨子生活和思想的外在因素时，非常有必要涉及气候与农业的相关方面。

在机械动力和科学不发达的古代社会，社会经济的发展往往取决于农业经济的繁荣。中国古代是一个小农经济社会，这与中国的地理环境和历朝的重农政策是有直接关系的。在古代，没有先进的科学措施防治农业灾害，因此农业收成的产量和种类就和气候的好坏有着弹性的关系。气候好，农业产量就高，否则相反。

首先，从地理位置看，滕国、薛国、小邾国在山东的南部，在当时已经具备了很好的农业生产条件。首先在气候方面，如前所述，气候处于一个过渡时期，但气候变化不大，应以温暖为主，农业收成在当时可以达到一年两熟，农业产量大大提高，促进了当时的农业发展。农业是一种季节性很强的生产活动，要想农业的生产好，就得掌握好气候的变化，因此统治者很注意制定历法，不夺农时，而农民们也会从日常的生产中总结经验。二十四节气就是先民对自然规律的掌握，这对农业的发展具有指导性作用。直至今天，二十四节气对农民从事农业生产仍具有指导性意义。据学者研究，二十四节气产生于战国时期，是先民对自然规律的观察和农业生产的结合。在古

---

① 布雷特·辛斯基等：《气候变迁和中国历史》，蓝勇、刘建、钟春来、严奇岩译，《中国历史地理论丛》2003年6月第18卷2辑，第51页。

代社会要掌握气候的变化并非易事，这需要人们经过长期的观察和实验才总结出来。先民对农业生产具有理性的认识，这也是对自然规律的应用，可见当时农业生产已经非常发达。通过对气候变化的掌握，来指导农业生产。

其次，在滕和薛附近有大河经过，有充足的水量可供航运和灌溉。农业生产的产量高低与土壤的肥力有直接的关系。《尚书·禹贡》记载：

> 徐州的土壤为赤埴坟。①

从表2－1中我们可以看出徐州土壤肥力中上（第二等），适合农业生产。学术界普遍认为《禹贡》是战国时所著，所以徐州在当时指的是薛国所在地。②

表2－1　　《禹贡·九州》土壤肥力考证表③

州名	土类	颜色	质地	植被	水分	肥力	赋税	现今土类
冀州	白壤	白	柔和	—	—	中中（第五等）	一等	盐渍土、石灰性冲积土（潮土）
兖州	黑坟	黑	坟起	草木生长均佳	—	中下（第六等）	二等	砂姜黑壤、亦说为棕壤

---

① 《后汉书·地理志·郡国》记载：“薛本国，六国时曰徐州。”徐州为当时的薛国。

② 《后汉书·地理志·郡国》记载：“薛本国，六国时曰徐州。”

③ 蓝勇编著：《中国历史地理》，高等教育出版社2002年版，第43页。

续表

州名	土类	颜色	质地	植被	水分	肥力	赋税	现今土类
青州	白坟、海滨广斥	白	坟起	—	—	上下（第三等）	四等	棕壤、海滨盐渍土
徐州	赤埴坟	赤	黏而坟起	草木丛生	—	上中（第二等）	五等	林溶褐土
扬州	涂泥	—	泥泞	草盛木高	很多	下下（第九等）	七等	湜土、水稻土
荆州	涂泥	—	泥泞	木高	很多	下中（第八等）	三等	湜土、水稻土
豫州	壤、下土坟垆	杂	黏疏适中	—	—	中上（第四等）	二或一等	石灰性冲积土（潮土）和砂姜黑土

史念海先生在《春秋战国时代农工业的发展及其地区的分布》一文中对当时的农业发展的条件基础作了详细的论述。在这篇文章中讲到，春秋战国时代的生产力有相当的发展，铁器的使用使农业和手工业的生产工具和技术都得到迅速的提高。[①] 春秋时代农业已有了很大的发展，这是在使用牛耕和铁制农具的基础上不断提高的。尤其是铁制农具的使用到战国时代已经达到非常普遍的程度，再加上对于深耕和施肥等耕作方

---

① 史念海：《河山集》，生活·读书·新知三联书店出版 1963 年版，第 82 页。

法的应用和改进，农业的发展就成了必然的结果。[①] 铁制农具的应用促进了牛耕技术的发展，牛耕技术要牛和铁犁的配合使用才能够发挥其功效。铁制农具的使用促进了农业文明，铁制工具技术的应用对人类社会的进程具有决定性的影响。这主要体现在两方面：一方面，高级农具的产生赋予了生产力的新变化，中国的人口得以增加；另一方面，政府可以通过控制铁的交易以及利用真正的致命武器来装备大批军队以更彻底地控制民众（青铜太贵，不适合广泛应用，且又太脆，不适宜制造工具和武器，所以较早的军队是用相当原始的材料作战的）。[②] 铁制农具的使用大大提高了农业的产量。

从图 2 －8 可以看出，当时的薛、滕、小邾三国地处农业区。

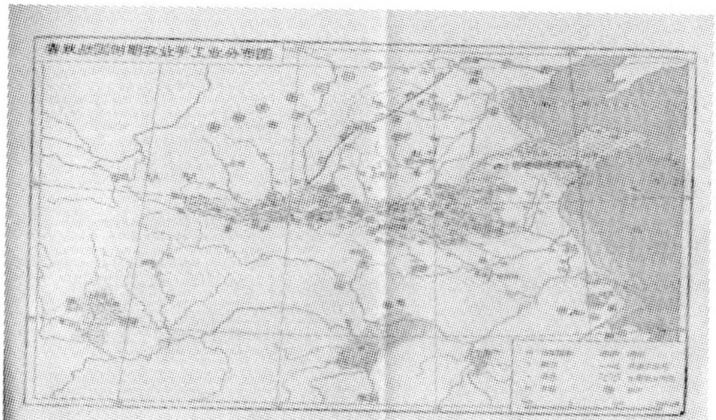

图 2 －8　春秋战国时期农业手工业分布图[③]

① 史念海：《河山集》，生活 · 读书 · 新知三联书店出版 1963 年版，第 89 页。

② ［美］安德森：《中国食物》，马孆、刘东译，江苏人民出版社 2002 年版，第 2 页。

③ 史念海：《河山集》，生活 · 读书 · 新知三联书店 1963 年版，第 88—89 页。

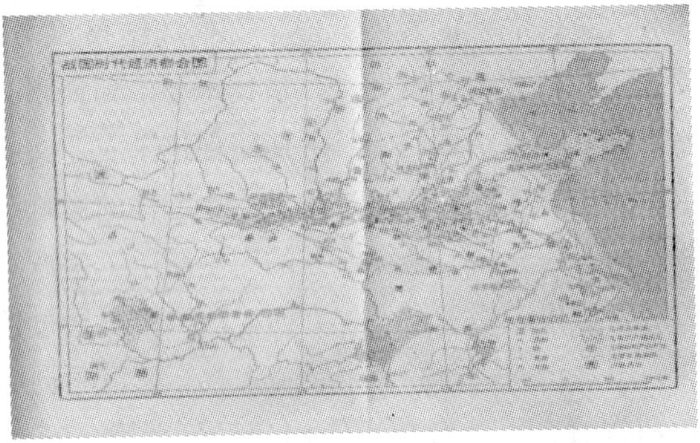

图 2－9　战国时代经济都会图①

在图 2－9 中，薛国（今山东滕县东南）是当时物产丰富的地区和商品的集散地。春秋时期的城市普遍加强了城垣和防御工事的建设，这是出于战争的需要，城市的另一个重要变化就是商业功能比西周时期明显加强，城市中的商人人口比例增加。到战国时期，随着战国经济的繁荣，人口数量的增加，“工商食官”制度的解体，私人工商势力壮大，城市作为商品制作和流通的中心已水到渠成。② 城市的发展是这一时期的主要特征，许多宗教、行政、军事意义上的中小城市发展为巨大的商业中心。而城市的发展又转而为社会人口流动提供了更多的机会。所有这些变化都是以农业的繁荣为基础的。如果没有农业盈余，战国时期大多数社会的、经济的、技术的和政治的变化都将不可能发生。而周朝后期，有利的气候条件使人们更易从事农业生产，更易实现农业盈余。③

① 史念海：《河山集》，生活·读书·新知三联书店 1963 年版，第 122—123 页。

② 中国国家博物馆编：《文物春秋战国史》，中华书局 2009 年版，第 89—93 页。

③ 布雷特·辛斯基等：《气候变迁和中国历史》，蓝勇，刘建，钟春来，严奇岩译，《中国历史地理论丛》2003 年 6 月第 18 卷 2 辑，第 55—56 页。

西周时期，滕、薛、小邾三国人口稠密，到春秋时发展更快。《左传》闵公二年曾提到从滕地移民五千人，到战后空虚的魏国去落户。战国时代，黄淮海平原地区成为全国人口比较多的地区。[①] 有利的气候条件促进了东周时期人口的增长。当时，人口不仅全面增长，而且居民的分布模式也随之发生了变化。在《史记·孟尝君列传》中记载，薛国，有六万余家。在当时来看，薛国是一个小国。可见当时的人口是稠密的。孟尝君居薛，有食客三千。如果经济不发达，恐怕很难供养这么多食客，后来食客随孟尝君去齐国临淄，供养食客的方式是把薛地的粮食变成货币，带到临淄。著名的冯驩“焚券市义”的典故就是在薛国发生的，这反映出当时的商品经济、信贷业已很发达。综上所述，在滕国、薛国、小邾国农业繁荣，经济发达。

春秋战国气候温暖和农业发达，滕地和薛地都是富裕之地，这对墨子进行科技研究是非常重要的。重温卡尔·马克思的话：“经济基础决定上层建筑”，只有当衣食问题解决了，人们才能够从事其他的事业。发达的农业为墨子科技思想的产生提供了经济基础和施展才华的空间。古代科学技术的发展是以人类生活实践为基础的，相关的科技理论是在生活中逐渐总结出来的。墨子的科学发现和技术发明都是从实用角度出发的。墨子科技研究也为农业的高效发展提供了技术支持，墨子制造桔槔、车等都可以在农业生产中应用。墨家学派是讲利民为百姓服务的团体，在优越的气候和农业发达的条件下，墨子和墨家弟子研发了很多守城的器械来保护弱小国家和人民的安全。这样不仅保卫了国家安全也促进了农业的发展，促进了墨子重实践品格的形成。

① 邹逸麟主编：《黄淮海平原历史地理》，安徽教育出版社 1997 年版，第 48 页。

第五节 形成工艺中心的环境——天然水系与运河

为什么滕州能够出现墨子、鲁班这两位科技天才呢?[①] 我们试图从地理环境入手来探究这个问题，并重点研究其天然水系和运河，因为它们对军事、经济、农业等诸多方面有重要意义。

一 天然水系

天然水系是地球赐予人类最好的礼物之一。古代四大文明的诞生都得益于丰富的水源（古中国的黄河、长江；古印度的恒河、印度河；古埃及的尼罗河；古巴比伦的幼发拉底河、底格里斯河）。滕州自古水系就很发达，最有名的大河当然要数漷水了。漷水最早见于《春秋》。清代段玉裁《说文解字注》在水部对漷水进行了注解：

> 漷水。在鲁。春秋经襄十九年。取邾田、自漷水。公羊传曰。其言自漷水何。以漷为竟也。何言乎以漷为竟。漷移也。何云。鲁本与邾娄以漷为竟。漷入邾娄畍。鲁随而有之。诸侯土地本有度数。不得随水。随水有之。当坐取邑。水经注泗水篇曰。漷水、出东海合乡县。西南流入邾。又迳鲁国邹山东南而西南流。左传所谓峄山。诗所谓保有凫峄者也。又西南迳蕃县故城南。又西迳薛县故城

① 著名学者顾颉刚、童书业等先生在《古史辨》和《春秋左传研究》中充分肯定“墨子乃目子夷的后裔”，杨向奎、任继愈、张岱年、张知寒等先生都曾撰文论证墨子里籍就在今天滕州木石一带。（参见李广星《滕州史话》，中华书局1992年版，第7页。）

北。夏车正奚仲之国也。又西至湖陆县入于泗。按合乡、蕃、薛故城皆在今山东滕县。不云在鲁邾娄之间、径云水在鲁者、邾娄鲁附庸。非敌。故立文如是。一统志曰。漷水源出滕县东北百里述山。西流会诸泉水。迳县南。又西会南梁河。入运河。旧名南沙河。西南流入泗。不与南梁会。自漕河东徙。遏其南流。乃北出赵沟。会南梁以入运河也。①

当代著名学者王献唐先生考证："鲁邾以漷为界，河名数见春秋。今欲考其故道，则今滕县之漷水，非水经注之水。水经注之水，非水经之水，水经之水，又非春秋鲁襄初年之水。因时变迁，分合无定，初在邹北，今入滕南。"②

王献唐先生在其《三邾疆邑图考》一书中对漷水在春秋战国时的河道进行了考证，得出从春秋至今漷水经过四次变迁的结论。春秋到汉时漷水在邹县北，如图 2－10 所示。

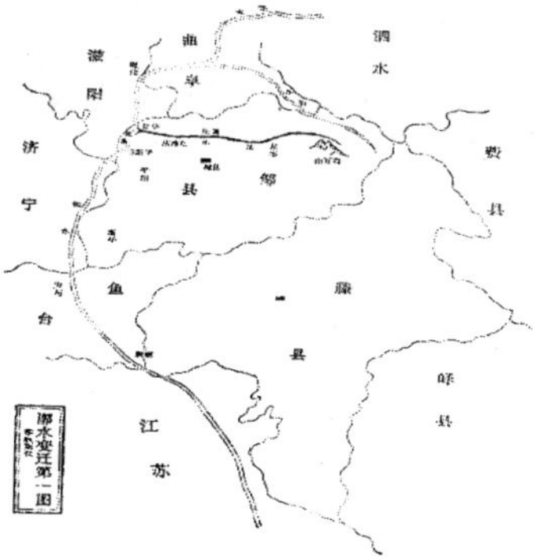

图 2－10　漷水春秋到汉的变迁图

---

① （汉）许慎撰，（清）段玉裁注：《说文解字注》，上海古籍出版社 1981 年版，第 536 页。

② 王献唐：《三邾疆域图考》，齐鲁书社 1982 年版，第 3 页。

通过查找谭骐骧先生主编的《中国历史地图集》，发现早在西周时期就有大河穿过滕、小邾国。

图 2－11 是谭骐骧先生主编的《中国历史地图集（第一册）：原始社会、夏、商、西周、春秋、战国时期》西周时期中心区域图。在这幅地图中，有河水流经滕和小邾两地，但没有标注是哪条河水。

图 2－12 是谭骐骧先生主编的《中国历史地图集（第一册）：原始社会、夏、商、西周、春秋、战国时期》春秋齐鲁

图 2－11　西周时期[①]

① 谭骐骧主编：《中国历史地图集（第一册）：原始社会、夏、商、西周、春秋、战国时期》，中国地图出版社 1982 年版，第 17—18 页。

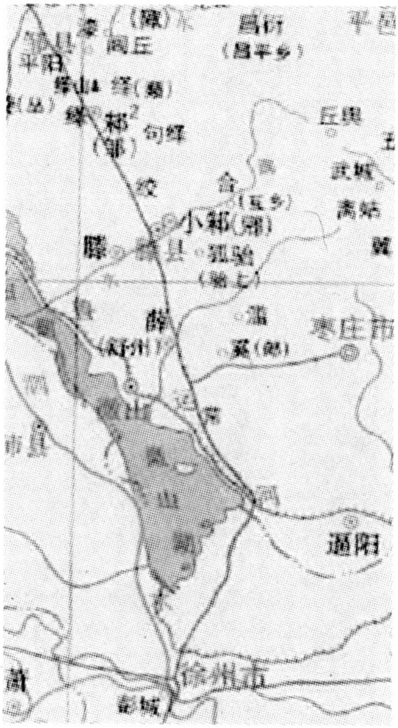

图 2－12　春秋时期[①]

地图中，漷水流经滕和小邾。此时在薛地也有大河流过。[②]

图 2－13 是谭骐骧先生主编的《中国历史地图集（第一册）：原始社会、夏、商、西周、春秋、战国时期》齐鲁宋地

① 谭骐骧主编：《中国历史地图集（第一册）：原始社会、夏、商、西周、春秋、战国时期》，中国地图出版社 1982 年版，第 26—27 页。

② 在本书著述过程中，对漷水地理位置的问题进行了多方资料查证其中谭骐骧先生主编的《中国历史地图集》和王献唐先生《三邾疆邑图考》对漷水的地理位置标注是不同的。在谭骐骧先生主编的《中国历史地图集（第一册）：原始社会、夏、商、西周、春秋、战国时期》中，漷水在春秋时期的地理位置是流经滕和小邾两地；王献唐先生在《三邾疆邑图考》一书中对漷水进行了考证，春秋时期漷水却在邹北，王献唐先生考证漷水从春秋至今经过四次变迁。鉴于漷水在历史上的地理位置非常重要，在此特别提出。

图 2－13　战国时期①

图中，滕、薛两地有大河流经，在这幅图中没有标明是哪两条河。

中国的整体地势是西高东低，因此一般河流都是自西向东流。但也有例外，因为山东半岛泰沂山脉的阻隔，使鲁南局部区域发生了“水倒流”的现象，薛、滕、邹等地的水是自西向东流，大多流到微山湖。在王献唐先生《三郳疆邑图考》书中这样讲道，“水经注所载，虽发源峄山东北，其与鲁境较近处，亦皆细流之脉，水又西南行，情势与今日漷水同，乃不

① 谭骐骧主编：《中国历史地图集（第一册）：原始社会、夏、商、西周、春秋、战国时期》，中国地图出版社 1982 年版，第 39—40 页。

足国界也”。

当时的漷水和今天的这条大河流向是一样的。漷水注入微山湖。大河水系的出现，对调节气候、灌溉农业、方便交通等都有巨大的作用，在这里我们强调的是交通的便利。水上交通在当时比起陆上交通方便，并且运费更加便宜。薛地是舟船的制造中心，大河水系使得交通变得非常便利，它促进了先民的交流，使他们获得外界的信息，从而使经济的快速发展获得条件。同时货物在不同地区之间的运转加快，促进了物流的发展。可见，交通的便利能使人们获得巨大的经济效益。这也为墨子能够遍游天下，吸收外来信息提供了条件。同时为墨子科技思想的产生发展形成了重要的外部条件。

二　运河

运河是对天然水系的改造，这更符合人的理想。运河可以使不同的区域联系到一起，从而使不同的文化得到交流和融合。可以说，水上交通的发展对文化的交融与变迁起到不可估量的促进作用。

在研究历史时期的地理环境对历史和文化的影响时，历史地理学教授葛剑雄说：“将周边环境中的微观因素与宏观因素结合起来。”

研究一地一时的地理环境，不能够将它孤立起来看，而要将它和周边的环境相互联系起来，看它们之间的影响是什么。这一理论观点对我们研究地理环境对历史和文化的影响具有指导性意义。研究历史地理环境对墨子科技思想的产生，当然不能忽视当时的小邾国周边地理环境的影响。

微山湖是一个天然的湖泊水道，它在历史上的作用是非常重要的，因为其处于沟通东西南北水道的重要地理位置。微山湖给水上运输提供了便捷的交通。滁水顺流注入微山湖，周围的居民自然也享受到微山湖带来的便利。水面上的船舶交通要比陆路上的车辆运输经济省力，方便快捷，这在古代也是一样的。[①] 随着交通运输的改变，社会生活也随之发生巨大变化。先秦时期由于陆路对道路修凿和交通工具的要求较高，于是利用自然水道的水上交通就更为重要，故先秦时期交通运输以水道为主。[②] 春秋战国的时代特征是兼并战争频繁，由于水上运输兵力方便快捷，各诸侯国要想取得胜利，就得利用天然的水系运输兵力物资等取得先机，当有必要的时候就会开凿运河，进而取得战争的胜利。春秋战国时期开凿运河最有成效的要属吴王夫差了。夫差在公元前486年（鲁哀公九年）开凿沟通江淮的运河邗沟，邗沟是黄淮海平原上的第一条运河，邗沟是利用江淮间天然湖泊连缀而成，它第一次将江淮水系联结在一起。邗沟的开通使吴国的船舶可以北上入淮水、微山湖、泗水等重要水道。在军事和经济交通上，邗沟都具有重要意义。在公元前482年（鲁哀公十三年），吴晋两国打算在黄池会盟，又引起新的运河开凿。黄池在今河南封丘县，当时正在济水的沿岸。吴王夫差为了要乘舟到达黄池，就在商鲁之间又开了一条运河。[③] 在泗水和济水之间开凿的水道，当时称为通沟于商鲁之间，北属之沂，西属之济。[④] 这就是后来所称的菏水。菏水沟通了济水和泗水。商鲁运河开凿以后，吴国水师可由淮入泗，由泗入

---

① 史念海：《中国的运河》，陕西人民出版社1988年版，第1页。

② 蓝勇编著：《中国历史地理》，高等教育出版社2002年版，第276页。

③ 史念海：《河山集》，生活·读书·新知三联书店1963年版，第78页。

④ 同上书，第29页。《国语·吴语》：夫差杀子胥旱鲁哀公十年，会晋侯在哀公十三年，通沟于商鲁之间，当是此三四年间事。当时鲁国都于曲阜，宋国都于商丘。宋国本属商人之后，菏水正在其间，故称通沟与商鲁之间。

菏，由菏入济，由济入河，到达黄河中游任何一地。[①] 这也使在河道附近的居民享受到水运带来的便利。邗沟和商鲁运河的开通使得吴国到鲁国从南到北的天然水道和运河相连通。邗沟和商鲁运河的开凿，对后来墨子的思想行为产生了间接的作用。

墨子生活在约公元前468年至前376年的战国时期。由上所述可知，在墨子出生之前，邗沟和商鲁运河已经开通。墨子生活的小邾国大致就是今天滕州地带，漷水在墨子生活区域附近注入微山湖。由此，墨子所生活的地方是一个水道交通发达的地方。在交通发达的地方不论是国与国之间还是人与人之间的沟通都会变得非常方便。春秋战国时代战争频繁，人口流动大，滕、薛、小邾交通便利，又是鲁、宋、吴等诸侯国的附近地带，这就使得滕地可以接触到来自不同地方的文化，如齐鲁文化、商宋文化、吴越文化等。在大动乱大变革时代，人民的思想跟着时代前进，春秋战国时期百花齐放，墨家是九流十家中独树一帜的，墨家和儒家在当时并列为显学。墨家善科学技术，是技术工程学派。方授楚先生说："邹鲁地区，其俗喜学术，好技艺，颇似希腊之雅典。明乎此种环境关系，则鲁为儒术最盛之邦，又为墨学渊源之地；以技巧言，输之攻，墨之守，乃同出于鲁人；庶不恍然知其故矣。"[②]

方授楚先生说的环境是当时的人文环境。当时的地理环境对墨子的影响应该也是有的。墨家的学说包含了当时世界上先进的科学技术。墨子生活的区域是一个信息畅通的地方，四面

① 邹逸麟主编：《黄淮海平原历史地理》，安徽教育出版社1997年版，第148页。这里的淮指淮河；泗指泗水；菏指菏水；济指济水；河指黄河。

② 张知寒教授在墨学研究会上对墨子里籍进行的发言。

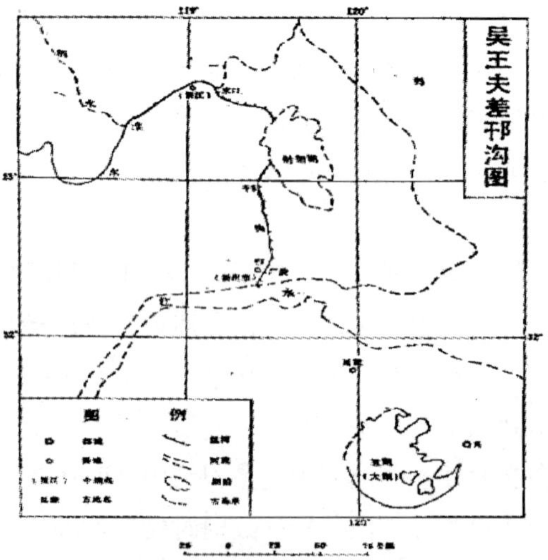

图 2－14　吴王夫差邗沟图①

图 2－15　商鲁之间运河图②

① 史念海:《中国的运河》，陕西人民出版社 1988 年版，第 25 页。
② 同上书，第 30 页。

八方都会输入不同的文化思想，墨子可以吸收到多元的文化，这使墨子和墨家弟子都受益匪浅。墨子在当时四处奔走，“上说诸侯，下教百姓”，“强聒而不舍”，“遍从人而说之”，席不暖，摩顶放踵，东北游齐，西游卫、郑，南游宋、蔡、越等国。从墨子的行迹中也可以看出当时的交通是非常便利的。邗沟和商鲁运河的开凿为墨子和墨家周游列国提供了便捷的桥梁。古语有言：“行万里路，读万卷书。”墨子行走诸国的过程中，会吸收到各个地方的先进文化知识，会学习到各个地方先进的科学技术。墨家通过方便的交通可以到达各个诸侯国，把他们先进的科学技术传播到各地，这也是墨子科技思想发展的一大动力。墨家是重技艺的团体，随着墨家科学技艺不断发展，墨子的科技思想也在不断地形成。春秋战国时期诸侯国战争不断，因此，墨家的守城术和守城机械在当时普遍受到各国的欢迎，这促使墨家重实践品格的形成。邗沟和商鲁运河的开通无疑为墨子科技思想的形成和重实践的品格提供了实现的桥梁。墨子科技思想的产生和发展，与他生活在这样的地理环境是分不开的。

第六节　形成工艺中心的环境——会盟和战争

今天我们回顾历史，会发现春秋战国时期的会盟和战争环境，是形成工艺中心的动力，并对墨子科技思想的产生和发展起到了重要的影响。

一　会盟

春秋战国时期的一大特点就是会盟比较多。在古代社会选择会盟的地点是要具备一定条件的，最主要是交通发达，也就是说在会盟的地方要么水路发达要么陆路发达，要不就是二者兼而有之。此外，会盟的地点一般是经济发达、物产丰富的地区，这样就可以为前来会盟的诸侯国提供必要的供给。综上所述，薛国是满足这些条件的，事实上，薛国在当时是会盟的重要地方之一。战争会盟这样的社会环境，对墨子军事思想的产生和科学技术的发展有重大的影响。

薛国在历史文献中经常被提到。薛国首府就是《禹贡》中的徐州，但不是今天的徐州，今天的徐州在春秋战国时称为彭城，三国时，曹操迁徐州刺史部于彭城，彭城自始称徐州。① 在《史记》中记载：

> 勾践以兵北渡淮，与齐、晋诸侯会于徐州。(《史记》)

在《后汉书》中记载齐宣王和魏相王在徐州相王。

---

① 对《禹贡》中的徐州，文献中多有记载，今天的学者也对古徐州进行核实考证。

在《尚书·禹贡》中有这样一段记载："海、岱及淮惟徐州：淮沂其乂，蒙、羽其艺，大野既豬，东原底平。厥土赤埴坟，草木渐包。厥田惟上中，厥赋中中。厥贡惟土五色。羽畎夏翟，峄阳孤桐，泗滨浮磬，淮夷虫宾珠暨鱼。厥篚玄纤缟。浮于淮、泗，达于河。"

《史记·索引》说："徐音舒，其字从人（也就是夷），《左传》曰舒。舒，陈氏邑，《说文》作舒，舒在薛县。"说明古徐州首府在汉时的薛县，战国时的薛地。

《后汉书·地理志·郡国》记载："薛本国，六国时曰徐州。"

《吕氏春秋·首时篇》记载："齐以东帝困于天下，而鲁取徐州。"

在谭骐骧先生主编的《中国历史地图集》中在商时期中心区域图中薛的标注：薛（邳）；在西周时期中心区域图标注：薛；在春秋齐鲁地图中标注：薛（舒州）；在战国齐鲁宋地图中标注：薛（徐州）。我们从地图的标示变化可以看出薛国首府地名的变化和历史记载。

史记曰齐宣王九年与魏相王会徐州而相王。(《后汉书·一二志》)

薛国不仅是会盟的好地方，还是战争的供给区。薛、滕、郳三地农业发达，又是制造车和舟的工艺中心，加上交通便利，是各诸侯国的必争之地。拥有这里，就等于拥有了称霸中原的一把钥匙。会盟的地方，诸侯国群集，前来会盟的诸侯国君往往都会带上精锐的部队和武器，带上自己国家最好最先进的器物以示炫耀。这样就使得会盟地成为信息集聚地，科学技术传播地，思想交融地。这就会促使当地的思想和科技文化与外来的周边文化相交流，从而促进经济、社会、科技、交通和工艺中心的发展。薛国是会盟中心之一，这对墨子和墨家团体研发先进的科技器物是一大动力，也对墨子科技思想的形成起到促进的作用。

二　战争

发动战争是为了侵占对方的国都、经济富裕地和交通要塞。在古代，交通便利、农业经济发达的地方是各方争夺的焦点。从现代战争来看，每次大的战争都会促进科学技术的发展。“一战”和“二战”就是促进科学发展的典型例子。在“二战”中，计算机的诞生，信息论、控制论等理论的发展，最初目的都是为战争服务的，后来才逐渐转向民用。先进的科学技术往往被用来武装自己国家的军队和人民，让他们得到安全保障。战争虽然使得生灵涂炭，但对科技的发展起到巨大的促进作用，这在古今都无例外。我们从墨子的《备城门》等诸篇看到，墨子把当时的先进技术应用到战争中，用先进的科技来守城，这也是墨子科技思想表现的重要方面之一。

我们常用春秋五霸、战国七雄来描述春秋战国时代的特征。此时期的战争以兼并为主。墨子在军事方面以“墨守最为出名”。墨子用当时最先进的科学技术武器来武装城邑。滕地在春秋战国时是战争的常发地。孟尝君增修了周长28里的庞大薛城之后，滕地更成为进可攻、退可守的军事重镇。在《春秋左传》中记载宋伐滕事件：

> 宣公传十年：滕人恃晋而不事宋。六月，宋师伐滕。①

据明万历《滕县志》记载：

> 山戴石如灰堆状，兴云即雨。俗呼省台字，遂讹为湖山，又曰壶山皆非也。按：鲁襄公四年，邾人、莒人伐曾，鲁臧就曾败于狐台。杜预注云鲁国蕃县东南有狐山台，又有目台亭，今山南头名木时者，疑亦目台之讹也。通志亦误。

这条史料极为重要，反映了春秋时期在这里发生的一场战争。② 在当时战争动荡的时代，对战争的研究是非常有必要的，特别是对于弱小的国家。墨子生活在小邾国，这里经济发达，交通便利，是各国争夺的对象。在滕、薛、小邾国周围还有很多像它们一样弱小的诸侯国，这样的诸侯国往往无

---

① 陈戌国撰：《春秋左传校注年（上下册）》，岳麓书社2005年版，第385页。

② 李广星：《滕州史话》，中华书局1992年版，第7页。

法发动侵略其他诸侯国的战争，只能依附他国或者自保。这样的战争环境，对墨家的军事思想和科技思想的产生都起到了促进作用。墨家是讲兼爱、非攻的团体。墨家理念中的“非攻”是不进攻其他国家，这样墨家只能在防守方面下工夫，要想使得弱国能够防止强国的进攻，就得有比进攻更有力的防守武器，这就要使用先进的科学技术和守城器械相结合。我们在《墨子》的《非攻》《备城门》《公输》《备梯》《备水》《备穴》等十六篇中，可以看到墨子把当时先进的科学技术应用到守城的工具上，在这十多篇中有详细的记载。墨子研究军事方面的守城技术和防御器材，在当时乃至世界都是领先的。墨子还是一位军事工程师，在墨子的军事教学中，我们可以看到墨子是怎样筑城，怎样构筑军事防御工程的。墨子讲授怎样制造军事器械，如校机、连弩之车、藉车、罂听、悬陴等。

《墨经》说：

> 城上之备：渠谵、藉车、行栈、行楼、到、颉皋、连梃、长斧、长椎、长兹、距、飞冲、县口、批屈。（《墨子·备城门》）

从城上所备之物，可以想象到墨家在当时制造守城工具之多。

《墨经》说：

> 蛾傅者，将之忿者也。守为行，临射之，校机藉之，擢之。（《墨子·备蛾傅》）

《墨经》又说：

> 令案目者视适，以鼓发之，夹而射之，重而射，披机藉之，城上繁下矢、石、沙、炭以雨之，薪火、水汤以济之。审赏行罚，以静为故，从之以急，毋使生虑。（《墨子·备梯》）

这两条是关于校机机械工具的应用。它们具有很强的杀伤力，也是守城很好用的军事机械。可以想象，没有高超的技术是难以制造出这种大型武器的。

墨子和墨家弟子制造这些军事机械用来守城。在当时的战争环境下，这些军事守城工具，如果不是经过多次的实验是不可能应用的，因为它不仅仅是守城的工具，还是保卫弱小国家和人民的装备。这些军事武器，如弩机、校机等，都是要通过研究制造的，这就要求墨子和墨家弟子在实践中不断制造和运用这些军事工具。现实的需要，使墨子养成了重实践的这种品格。

在兵学界有言："世界兵学看中国，中国兵学看齐鲁。"这并不是夸张，事实表明山东省的兵学著作是最多的。尤其是古代，如先秦时期最重要的兵学著作大部分都诞生于齐鲁大地。就齐国和鲁国而言，收入《武经七书》中的五种先秦兵书，属于齐鲁大地兵家系统的就有四种：《司马法》《孙子兵法》《六韬》和《吴子》。赵承凤少将说，我们曾对齐鲁兵学进行过系统研究，山东孙子研究会还与齐鲁兵学研究中心一起编辑出版过《齐鲁兵典》，里面收录了《孙子兵法》《吴子兵法》《孙膑兵法》《司马法》《六韬》《管子论兵》《晏子论兵》《墨子论兵》《孔子论兵》《孟子论兵》《诸葛亮兵法》等兵学著作，涵盖了从西周、春秋战国时代到明朝的大量兵学史料，是齐鲁兵学理论资料的一次集中汇集整理。我们可以看到春秋战国时期山东兵学思想是非常发达的。这些兵法大多都是讲怎样进攻，墨家在军事方面则是重在防守，要想以守城术抵挡住这些进攻，就必须有超人之处，这自然会促使墨子在自然科学知识方面深入研究并且注重实践。墨子总结的科学理论在当时都是走在时代前面的。他的守城术高明之处就是把先进的科学技术应用在守城的武器上。可见，战争对促进墨子科技思想的产生发展无疑起到推动的作用。我们可以看出墨子的科技思想不仅在当时是卓越的，而且对今天的社会发展也是有巨大作用的。

第七节 结语

本章从历史地理环境的角度出发，思考其对墨子重实践的品格和墨子科技思想产生发展的影响。墨子生活的地域是舟和车制造的工艺中心，这里是春秋战国时期自然科技成就最高的地方。为什么在这里能够产生奚仲、鲁班、墨子等这样的科技人物？这与他们生活的地理环境是密不可分的。在春秋战国时期，滕州故地有交通发达的水系，富裕的农业地区，气候温暖湿润，这样得天独厚的地理环境，对墨子科技思想的产生和发展的巨大促进作用是毋庸置疑的。春秋战国时期兼并战争不断，在给人们带来灾难的同时，为了赢得战争也促进了科学技术的发展。我们从《墨子·备城门》等军事诸篇中可看到，墨子使用当时先进的科学技术武装守城的武器来应对战争。墨子科技守城的器械中包含了对当时最先进的自然科学知识的应用。由此可见，当时的人文环境和地理环境对墨子科技思想的产生和发展有着重要的影响作用，是环境造就了墨子，是环境需要他成为一位拥有重实践品格的科学技术大师。

第三章　思辨在墨子科学技术探索中的作用

《墨经》的逻辑学已经超过了辩论术的范围，成为具体科学的研究工具了。

——沈有鼎

第一节　引言

思辨有种种说法，而其中最重要的是一种运用逻辑推导而进行纯理论、纯概念的思考，我们可以说它是探索真理的重要途径和方法。思辨其实就是运用概念、遵循逻辑的法则所作的推理，而其最常见的形式就是概念的厘定和辨析，对于一些现象的实质，包括统计数据背后成因的猜测性解释，而在墨子的科学技术探索中，思辨就是贯穿其思想始终的一条线索。

墨子科学技术思想在科学技术史中的作用相当重要，尤其是其思想中的思辨性更是对后世科技研究有着重要的指导价值。墨子精通手工技艺，他自称是“鄙人”，被人称为“布衣之士”，墨者穿粗布衣、木麻鞋，白天劳动，晚上还工作，自讨苦吃，累到极点，一心做墨者，行夏禹之道。墨子游说天下，席不暇暖，突不及黔，是墨者表率。① 墨子曾经做过宋国大夫，自认为“上无君上之事，下无耕农之难”，是一个同情下层人民的士人，而这也就促使了其思想多为技与义方面的研究。墨子在思想理论与实践结合过程中，把“思辨”作为重要的方法，并在实践活动中指导其科技研究。墨子答县子硕问为义时曾说：

> 能谈辩者谈辩，能说书者说书，能从事者从事。（《墨子·耕柱》）

这是因为要宣传“为义”，必须破立兼行，推翻论敌的主张，提出自己的论点，有赖于谈辩。我们从现存《墨子》书中，仔细研摩，不难发现其中闪烁着思辨思想的光辉。

第二节　逻辑系统的思辨

林振武先生曾指出，“墨家的科学方法，特别是它的经验方法和逻辑方法是非常值得探究的问题，这至少有两方面的原因：一是墨家的科学方法是中国古代科学方法发展的一个高峰；二是墨家的思想和方法在中国历史上长期的湮灭而直接原因并不明”②。可以说脱离了逻辑推导的实证基础，本身也是没有任何意义的，科学技术不仅讲的是“实证”，更必须要讲

① 孙中原：《劳动者的圣人——墨子》，《职大学报》2009 年第 1 期。

② 林振武：《中国传统科学方法论探究》，科学出版社 2009 年版，第 114 页。

"逻辑"。违反了人类思维的基本逻辑规律，或者逻辑推论被证伪，就算原来的实证再贴近实际、符合实际，从实证得到的结论也不是科学的。在《墨子》中，贯穿科学技术思想中的逻辑方法的各个方面都涉及思辨性。如逻辑推论的基本范畴，名词判断的分析，以及推理论证等各种形式都有所论述。《墨子》一书就是一部重要的古代逻辑教材。我们可以从那里吸取许多宝贵的逻辑知识。

梁启超先生认为西语的逻辑，墨家叫作"辩"。《墨经》言"辩"的界说有两条：

> 辩，争彼也。辩胜，当也。（《墨子·经上》）
>
> 辩：或谓之牛，谓之非牛，是争彼也，是不俱当。不俱当，必或不当，不若当犬。（《墨子·经说上》）
>
> 谓辩无胜，比不当。说在辩。（《墨子·经下》）
>
> 所谓非同也，则异也。同则或谓之狗，其或谓之犬也。异则或谓之牛，牛或谓之马也。俱无胜，是不辩也。辩也者，或谓之是，或谓之非，当者胜也。（《墨子·经说下》）

合这两条，"辩"的意义，基本上是可以明了的。所谓"辩争彼也"者，"彼"是指所辩的对象。[1]"辩"的性质既已说明，然而"辩"究竟有什么用处呢？应该怎么辩呢？

> 夫辩者，将以明是非之分，审治乱之纪，明同异之处，察名实之理，处利害，决嫌疑。焉摹略万物之然，论

① 梁启超：《墨子学案》，上海书店出版社 1992 年版，第 91 页。

求群言之比。以名举实，以辞抒意，以说出故。以类取，以类予（《墨子·小取》）

我们可以分析这一段，上半部分讲的是辩的作用。因为要辨别真或非真，就可以应付事物，所以辩学不惟有益，而且必要。下半部分讲的是辩的方法。“摹略万物之然”是寻求一切事物的本质。“论求群言之比”是整理各种现象的相互关系。以下五句是说用辩的方式，“以名举实”三句，是演绎法的要件；“以类取”二句是归纳法的重要条件。伦理学家强调“思维的作用”有三种形式：一曰概念，二曰判断，三曰推论。《小取》所说，正与其相同。梁启超先生对逻辑关系进行了分析，同时也指出，逻辑系统在墨子整个思想体系中的重要地位。

一 逻辑推论的辩

逻辑的研究对象是思维形式及其规律。当人类的智力发展到一定程度的时候，必然会对认识过程中思维活动本身进行反思，探讨思维本身该有的形式及其规律。如果说，以亚里士多德三段论为核心的古希腊逻辑学更注重推理过程的公式化和形式化，更强调逻辑系统的形式主义和固有格式，古印度的因明学更注重对推理过程类比的仔细分析，那么墨子在《墨辩》6篇（包括经上、下，经说上、下，大、小取）所建立的逻辑学体系则是更加注重思维形式和具体内容的结合，更注重为论辩的实际需要服务。墨子的逻辑学不仅揭示了形式逻辑的某些共同形式，同时又有自己比较完整的体系构成。① 一个人用言

① 温公颐：《墨子的逻辑思想》，《南开大学学报》1964 年第 4 期。

语表达的只是表面现象，要有逻辑推理才是可靠的，而这也正是墨子的观点。

以辞抒意。（《墨子·小取》）

闻，耳之聪也。循所闻而得其意，心之察也。（《墨子·经上》）

言，口之利也。执所言而意得见，心之辩也。（《墨子·经上》）

言和闻是口和耳的作用，但离开了心智的辨察就变得毫无意义。言语和思想是密切联系的，不能割离，也不可以混同。在人们的思想交流中，从听者方面来看，乃是由“辞”得“意”。从说者方面来看，则是有了“意”然后借口说的“辞”得以表现。

墨者团体中有不少手工业者，我们知道每一行的手工业者都有一套自己代代相传的技术，《墨经》名之为“巧传”。《墨经》要求人们对于这样一套技术不能停留在“知其然而不知其所以然”的水平上，而必须探明其“所以然”。探明了“所以然”，这“所以然”又转化为“所以知之”，于是技术就有创新的可能。所以说：

巧传则求其故。（《墨子·经上》）

“‘传’旧作‘转’，今改。此亦当作‘传’，于义为胜。”由此可见，《墨经》的逻辑学已经超过了辩论术的范围，成为具体科学的研究工具了。[1] 凡能把结论确实证明了的有说服力的证据，一定是有规律的与结论的内容联系着的。这客观规律就名为“理”。“理”是普遍规律。这普遍规律使我们确信：从这样的证据中一定可以得出这样的结论。这“理”及普遍规律便是演绎推论的大前提，而原来的“故”、证据在演绎推论中便成了小前提。但人们怎么能知道这普遍规律确实是可靠的呢？人们的认识总是由个别的事物开始的，要达到普遍规律，不能不从“类推”入手。归纳推论只是比较有系统地“类推”。总括起来说，“故”“理”“类”乃是“立辞”应具备而不可缺少的三个因素：

> 三物必具，然后足以生。以故生，以理长，以类行者也。立辞而不明于其所生；忘也。今人非道无所行，唯有强股肱而不明于道，其困也，可立而待也。夫辞以类行者也，立辞而不明于其类，则必困矣。（《墨子·大取》）

《语经》是《大取》的一部分，这里用

> 以故生，以理长，以类行。

九个字替逻辑学原理做了经典的总括。如果我们仅有一个论题，但没有论据，不能言其“故”，那就是胡说（妄也）。《大取》以道路喻“理”，“理”正是在论证中指示道路的东西，我们必须遵循它才不至于受困。理的具体表现是“类”。“类”

---

① 沈有鼎：《墨经的逻辑学》，载《沈有鼎文集》，人民出版社 1992 年版，第 335 页。

字在古代中国逻辑思想中占有极其重要的地位，我们必须给以正确的解释。“类”字的一个意义是相类、“类同”，相类的事物有相同的本质。我们把相类的事物概括为“类”，这是“类”字的又一个意义。于是一类中的事物都是“同类”，本质相同。类是推理论证的客观依据。明是非，别同异，判真伪，必须从“察类”做起。墨子抓住了类的武器和论敌进行辩论。他提出要“察类”和“知类”。“辞以类行”是说一切推论最后总是要从“类推”出发。“类推”的根据在于事物间的“类同”。①

其实我们可以从《墨子》书中举出两个例子来说明“类”字的意义。

> 今逻夫好攻伐之君，又饰其说以非子墨子曰：以攻伐之为不义，非利物与？昔者禹征有苗，汤伐桀，武王伐纣，此皆立为圣王，是何故也？子墨子曰：子未察吾言之类，未明其故者也。彼非所谓攻，谓诛也。（《非攻下》）
>
> 公输盘为楚造云梯之械，成，将以攻宋。子墨子闻之，起于齐，行十日十夜而至于郢，见公输盘。公输盘曰：“夫子何命焉为？”子墨子曰：“北方有侮臣，愿籍子杀之。”公输盘不悦。子墨子曰：“请献十金。”公输盘曰：“吾义固不杀人。”子墨子起，再拜曰：“请说之。吾从北方闻子为梯，将以攻宋。宋何罪之有？荆国有余地，而不足于民，杀所不足，而争所有余，不可谓智。宋无罪而攻之，不可谓仁。知而不争，不可谓忠。争而不得，不可谓强。义不杀少而杀众，不可谓知类。”公输盘服。

① 温公颐：《墨子的逻辑思想》，《南开大学学报》1964 年第 4 期。

（《墨子·公输》）

墨子的逻辑推论的基本范畴，有类、故、法（仪）三种，而类则是思辨性的集中体现。类是推理论证的客观依据。由此我们知道了墨子抓住了“类”这个武器和敌方进行辩论。他提出要“察类”和“知类”。墨子在反驳好攻战之君时，以禹征有苗、汤伐桀、武王伐纣为例说明攻伐之为利时，他说：“子未察吾言之类，未明其故也。彼非所谓攻，所谓诛也。”（《墨子·非攻下》）这里他把诛有罪的义战和攻无罪的不义战区别开来。决不能把不同类的东西混为一谈，陷入概念混淆的逻辑错误。由此可知墨子依据类的概念广泛运用他的思辨方法。

二　逻辑思维基本规律中的“辩”

墨子巧妙地运用了思维规律来揭露论敌的谬误，维护自己的主张。当然，墨子还不可能明确地提出思维规律的定义来，但他在辩的过程中却是突出地抓住了矛盾律的思想，有时也运用了排中律进行反击，这是无可怀疑的，正是矛盾律、排中律体现了逻辑规律的辩，我们主要从矛盾律入手更直接清楚地看到其思辨性。

墨家认为，在辩论的过程中，除了要坚持上面所描述的那种程序外，还必须遵循一些辩论的规则。因为只有如此，争论的双方才能找到共同的论题，从而进行有意义的辩论。在他们看来，这样的规则主要有两条：

以类取，以类予。（《墨子·小取》）

有诸己不非诸人，无诸己不求诸人。（《墨子·小取》）

依照这两条规则，墨家进而探讨了一些立辩的方法，其中最重要的有辟、侔、援、推四种。《小取》篇曾经替他们分别作了说明：

> 辟也者，举也物而以明之也。侔也者，比辞而俱行也。援也者，曰："子然，我奚独不可以然也？"推也者，以其所不取之同于其所取者，予之也。

所谓"辟"，就是譬喻，即通过具体的事来说明另一件事情或道理，它接近于现代逻辑推论中的类比推理。比如"爱己者非为用己也，不若爱马"。所谓"侔"，是齐等的意思，即是说通过对比从一个判断推导出另一个判断，约相当于现代逻辑中的直接推理。《小取》篇中的"白马，马也；乘白马，乘马也。"所谓"援"，就是援引对方的论断作为自己立论的根据，从而驳倒对方的立辩方法。所谓"推"即推理，就是由已知的推出未知的事物，其前提是两者必须属于同类，这样才能由已知的推出未知的，严格地说，"推"也是类比推理的一种。①

> 子墨子南游于楚，见楚献惠王，献惠王以老辞，使穆贺见子墨子。子墨子说穆贺，穆贺大说，谓子墨子曰："子之言则成善矣！而君王天下之大王也，毋乃曰'贱人之所为'，而不用乎？"子墨子曰："唯其可行。譬若药然，草之本，天子食之以顺其疾，岂曰'一草之本'而不食哉？今农夫入其税于大人，大人为酒醴粢盛，以祭上

① 张永义：《墨苦行与救世》，广东人民出版社1996年版，第186页。

帝鬼神，岂曰‘贱人之所为’而不享哉？故虽贱人也，上比之农，下比之药，曾不若一草之本乎？”（《墨子·贵义》）

这里墨子以“一草之本”与“贱人之义”（役夫之道）为同类，对论敌进行深入分析，使论敌不得不折服。这正是矛盾的实际体现，同时也是思维逻辑基本规律中的辩。

墨子所处的是社会矛盾激化的时代，既有地主阶级和奴隶主阶级的矛盾，也有农民、小手工业者和地主阶级的矛盾，地主阶级彼此间还有争夺土地和劳动力的矛盾。在意识形态方面，为地主阶级保守派服务的儒家思想和为手工业劳动者服务的墨子的思想也发生尖锐的矛盾。[1] 总之，从经济政治到思想文化都是充满了矛盾的对立状态。从唯物辩证法的角度看，客观矛盾的存在必然反映到思维意识中，形成了孕育着各种矛盾的思想体系。如果说封建国家的规模形成了，就必须要新的官僚制度来配合，但用人唯亲的老制度，在一些人心中已经是根深蒂固的。虽然生产扩大了，可是人民的生活却没有明显的改善。发展生产应增加生产资料和劳动力，但偏致力于战争，毁灭生命财产。如此各种情况，在墨子看来是极其矛盾的，更是不应该有的。

墨子科技思想中的逻辑系统为了指出当时各种主张的矛盾，就不得不使用矛盾律。墨子运用矛盾律采用各种不同的形式。

首先，从正面同一性推论，把论敌引入矛盾。如《非攻

① 张英、张连春：《浅论墨子思想的人民性》，《辽宁大学学报》2010 年第 2 期。

上》从入人园圃窃桃李，攘人犬豕鸡豚，取马牛，以致最后杀无辜人，夺人衣裘，取戈剑，都知道说它不对，从而说它为不义；但是到了攻人国家，杀成千上万人时，却不说它不对，反而称誉它是义。这就自相矛盾了。因义是有利于人，不利于人，就应说它不义。以攻国为义，显然和义之为利的标准矛盾。把上述推论列成命题就成为“亏人自利的事是不义”（夺东西，杀无辜人）和“亏人自利的事是义”（攻国，杀千万人），这是两个对立的矛盾判断，是违反矛盾律的。①

其次，墨子经常用比喻的方法来揭露论敌主张的矛盾。例如：

> 公孟子曰：“无鬼神”。又曰：“君子必学祭礼”。子墨子曰：“执无鬼而学祭礼，是犹无客而学客礼也，是犹无鱼而为鱼罟也。”（《墨子·公孟》）
>
> 公孟子曰：“贫富寿夭，齰然在天，不可损益。”又曰：“君子必学。”子墨子曰：“教人学而执有命，是犹命人葆（包裹其发）而去亓（其）冠也。”（《墨子·公孟》）

墨子反对厚葬久丧。他说：

> 计久丧，为久禁从事者也。财以成者，扶而埋之，后得生者，而久禁之（久禁死者亲属从事），以此求富，此譬犹禁耕而求获也。（《墨子·节葬下》）

又久丧结果，要使男女隔离，“败男女之交多”。所以“以

① 温公颐：《墨子的逻辑思想》，《南开大学学报》1964 年第 4 期。

此求众，譬犹使人负剑，而求其寿也。”（《墨子·节葬下》）

无鱼而为鱼罟，命人葆而去其冠，显然是矛盾的。而禁耕求获，负剑求寿，更可以说是南辕北辙，不着边际了。

再次，通过反诘法暴露论敌的矛盾，苏格拉底把这种启发思维的反诘法称作“思想的助产术”。这种谈话方式生动活泼，通过交谈使谈话者不知不觉地产生了深入探索的兴趣，学会如何一步步正确地思考问题，在诘问者的启发下，顺利地进行创造性的学习并表达新思想，使论敌在这个过程中向对方承认错误。《墨子·耕柱》篇载：

> 巫马子谓子墨子曰：“子之为义也，人不见而耶，鬼而不见而富，而子为之，有狂疾。”子墨子曰：“今使子有二臣于此，其一人者见子从事，不见子则不从事；其一人者见子亦从事，不见子亦从事，子谁贵于此二人？”巫马子曰：“我贵其见我亦从事，不见我亦从事者。”子墨子曰：“然则，是子亦贵有狂疾也。”

如果巫马子认为墨子之为义是有狂疾的话，那么，巫马子之择臣，也同样有狂疾。如果巫马子不认为他有狂疾，那他就不应反对墨子之为义了。

墨子“利于人谓之巧”的技术观是其政治哲学思想合乎逻辑的延伸。墨子认为，提出自己的主张必须遵守一定的原则，即他所说的“必立仪”，这些原则是判断是非的依据。他把自己所立的“法仪”概括为三个方面，即“三表法”：“有本之者，有原之者，有用之者。于何本之？上本之于古者圣王之事；于何原之？下原察百姓耳目之实；于何用之？发以为刑政，观其中国家百姓人民之利。”《非命上》三表法中提出了三条判断是非的原则，不过，古者圣王仁人之事就是兴天下之利、除天下之害，下原察百姓耳目之实就是了解百姓在利益方面的呼声，所以，第三条原则既和前面两条并列，同时又统领前面两条原则①，所谓三表法的核心就是观其中国家百姓人民之利。正是基于这样的判断原则，墨子才提出了“利于人谓之巧”这样的科学技术评价标准。从逻辑系统的角度可以清晰地看到思辨在墨子思想体系中的重要地位。

第三节　理想实验：墨子与公输盘之技艺较量

墨子与公输盘的技艺比拼多是以理想实验的形式进行，虽然实际未进行，可却有着实际的效果。“理想实验”虽然也叫作“实验”，但它同真实的科学实验是有原则区别的，真实的科学实验是一种实践的活动，而“理想实验”则是一种思维的、思辨的活动；前者是可以将设计通过物化过程而实现的实验，后者则是由人们在抽象思维中设想出来而实际上无法做到的“实验”。理想实验所寻求的目标在很大程度上就是可能世界，就是某一系统语言之语义解释的不矛盾、完备和独立性的寻求。② 首先，“理想实验”并不是脱离实际的主观臆想，它是以实践为基础的。所谓的“理想实验”就是在真实的科学实验的基础上，抓住主要矛盾，忽略次要矛盾，对实际过程做出更深入一层的抽象分析。其次，“理想实验”的推理过程是以一定的逻辑法则为根据的，而这些逻辑法则，都是从长期的

① 庄春波：《论墨子的“三表法”》，《齐鲁学刊》1998 年第 4 期。
② 李春泰：《理想实验——可能世界的寻求》，《嘉应大学学报》2001 年第 10 期。

社会实践中总结出来的，并为实践所证实了的。作为经典力学基础的惯性定律，就是“理想实验”的一个重要结论，这个结论是不能直接从实验中得出的。

理想实验有典型的伽利略落球实验，这个实验是无法实现的，因为永远也无法将摩擦完全消除掉。所以，这只是一个“理想实验”。伽利略所使用的理想化方法，把具体的真实的物质实验转化为适于逻辑运作的过程，备受方法论专家们的赞誉。事实上，在这个过程中，他在追求一种与物理世界即现实世界同构的可能世界。在这个世界中，球的质地并不重要，它是铜质的还是金质的都无所谓；甚至运动物体的形状也不重要，无论是圆形的足球体或其他形体都无所谓；斜面是木质贴着羊皮纸的，在可能世界中，这些内涵都消失了，它只要是一个几何斜面就行了，重要的是运动物体在经过它时没有摩擦力；可能世界是与现实世界一一对应的，对应关系可由各种参数，如摩擦系数、坡度等协调。[①] 伽利略由此而得到的结论打破了自亚里士多德以来1000多年间关于受力运动的物体，当外力停止作用时便归于静止的陈旧观念，为近代力学的建立奠定了基础。后来，这个结论被牛顿总结为运动第一定律，也即惯性定律。

在自然科学的理论研究中，“理想实验”具有重要的作用。作为一种抽象思维的方法，“理想实验”可以使人们对实际的科学实验有更深刻的理解，可以进一步揭示出客观现象和过程之间内在的逻辑联系，并由此得出重要的结论。

---

① 李春泰：《理想实验——可能世界的寻求》，《嘉应大学学报》2001年第10期。

一 墨子非攻思想中的理想实验

科学自身发展的历史表明，很多重要的观念得自于理想实验，或理想化方法（method of idealization）。理想实验不是物质实验，而是抽象思维活动的过程，它借助于逻辑推理并以理想模型为基础而进行。尽管墨子的和平主义理论有着相当的深刻性和超前性，但在战争频繁发生的时代，墨子仍然对现实有着相当清醒的认识。因此他不仅带领弟子积极地宣传自己的非攻主张，而且以热切的救世激情开展了足以感召万世的反战和平实践①，这些思想大多还是以对话的形式进行，并没有实际操作，可以说只是一种假想情况。

战争是杀人的机器，战争之中，妇幼老弱一概难于幸免，造成的危害不仅是个人，而是占据着生存空间的整个人类。《墨子·非攻中》的

> 今攻三里之城，七里之郭，……杀人多必数于万，寡必数于千。

就是一个假想。在《非攻中》篇里，墨子连用八个“不可胜数”，揭露了战争直接杀人和间接杀人的残酷性。攻伐无罪之国的人，往往冠以美名，竭力掩盖其侵夺的真相，发动战争、剥夺百姓的财产，牺牲百姓的生命。那么为什么还干这种事情呢？墨子认为计算一下攻伐者所获得的利益，是没有什么用处的。通过非攻的分析，他认为在战争中得到的东西，反而不如丧失的东西多。为了争夺多余的土地，而毁掉大量的钱财，这

① 窦炎国：《墨子政治伦理思想评析》，《道德与文明》2009 年第 3 期。

难道是治国的需要吗？让士民去白白送死，这不使全国上下都感到悲哀吗？贪图伐胜之名，可以说只不过是一个幌子而已。在墨子看来，侵略别国不仅有违道义，而且对侵略国来说也是有害而无益的。他指出：

> 夺民之用，废民之利。……计其所自胜，无所可用也；计其所得，反不如所丧者多。（《墨子·非攻中》）

显然，墨子看清楚了侵略国内部存在着利益的对立，战争的发动者通常是获利者，而广大人民则是受害者。所以他说：

> 而王公大人，乐而行之，则此乐贼灭天下之万民也。（《墨子·非攻下》）

墨子站在老百姓和人民大众的立场上来论说侵略战争的利害关系，当然难以被侵略战争的发动者所认同。①

墨家主张的“非攻”是为了有效抵御外敌的进攻，他们也对军事学，尤其是城防战术有精湛的研究。从《备城门》诸篇中，我们看到大量的城上、地面、地下的先进武器。在他们所从事的立体型的守城战中，其使用的各种先进武器可以说是当时最突出的。如转射机、藉车、连弩车、渠答。同时，在具体的战略战术上，他们还结合自己研制的科技武器实行高效的全方位防守，而非攻中大量的理想实验正给了墨子反对战争一个有力论据，并制止了一些战争。

① 窦炎国：《墨子政治伦理思想评析》，《道德与文明》2009 年第 3 期。

二　墨子的《备城门》与实践

墨子的《备城门》典型地体现了守城的理想实验，其与公输盘的实际战略进攻相比较具有假想性，但这些假想理论上却是行得通的。《墨子·非攻》中说："今好攻伐之国，若使兴师，徒十万，然后足以兴师而动也。"因此《备城门》中的防御方案便假定敌人有"十万之众"。那么墨家所守之城仅"率万家而城三里"（《杂守》）。这样以弱迎强、以寡敌众的战争是很难打下去的。

当然，墨家赖以制胜的根本力量还不仅仅是武力，而是基于正义战争激起的全民参与，赖于人心的向背和充分的战备。① 所以在《备城门》的开篇，当弟子禽滑厘问起面对强敌"临、钩、冲、梯、堙、水、穴、突、空洞、蚁傅、轒辒、轩车"等重兵力多种手段的军事进攻如何对付时，墨子的回答首先是：

> 我城池修，守器具，推粟足，上下相亲，又得四邻诸侯之救，此所以持也。
>
> 凡守围城之法：厚以高，壕池深以广；楼撕揗，守备缮利，薪食足以支三月以上；人众以选，吏民和，大臣有功劳于上者多；主信以义，万民乐之无穷。不然，父母坟墓在焉；不然，山林草泽之饶足利；不然，地形之难攻而易守也；不然，则有深怨于敌而有大功于上；不然，则赏明可信而罚严足畏也。此十四者具，则民亦不宜上矣，然

① 秦彦仕：《〈墨子·备城门〉诸篇综合研究》，博士学位论文，四川大学，2006年。

后城可守。十四者无一，则虽善者不能守矣。(《墨子·备城门》)

墨子一生曾经多次制止过即将爆发的不义战争：止齐攻卫，止齐攻鲁等，尤其是在止楚攻宋方面，更是成为人类反战史上的一大壮举。这类行动不仅在当时轰动一时，而且至今鼓舞着当代和平主义者，也正是这些理想实验使当今的人们看到墨子备城门的意义。墨家的反战实践与今天的防御战虽然有巨大差异，但重温墨子的主张，仍能为现在的我们提供有益的启示。

墨家作为一个文化学派的突出特征就是他们对科学技术的重视，正是由于他们在科学技术方面的杰出创造，使他们在城防战争中制造使用了大量当时的高科技武器，这更使墨家“善守御”如虎添翼。弱小国家要战胜强大的敌人①，离不开全民动员基础上的严阵以待，如果离开了全体民众的参加，缺乏上下一心、同仇敌忾的意志决心与精诚团结，那么面对十万大军的进犯，要想守住三里之城就只能是一句空话。

《公输》曾记载墨子与公输盘演练攻守战术：

公输盘九设攻城之机变，子墨子九距之，公输盘之攻械尽，子墨子之守圉有余。

这并非是一种文学的夸张，证以《备城门》诸篇的具体记载，我们可以看出墨家确实有一套独特有效的御敌之法。而

① 秦彦仕：《〈墨子·备城门〉诸篇综合研究》，博士学位论文，四川大学，2006年。

正是这些御敌之法多以非实践的形式表现出来，这也证实了思辨在御敌攻守的作用。

三 墨子对当时科技的理性认识

在墨家活动的时期，科学技术的发展受到两个方面的制约：一方面，大多数人认为技术地位低下，受到来自社会各个方面，尤其是上层的歧视，与技术有关的工作被看成小人之事，君子是不屑于从事技术思考和技术工作的①；另一方面，技术又被蒙上了一层神秘的面纱，《考工记》说："智者创物，巧者述之，守之，世谓之工。"技术创新被认为是智者的事情，就连技术继承都被认为是巧者的事情，这种对技术的错误认识构成了一道壁垒，阻碍了技术在民众间的推广和普及。

墨子对技术的认识则是很理性的。他认为，天下从事各种工作的人，都必须遵守一定的法则。无论是士之将相者，还是百工之从事者，不遵照一定的法则行事，就无法成事。② 这样一来，墨子就从技术原理中抽象出了一般的实践规律，这是技术哲学思维萌芽的表现。墨子总结出了百工生产与制作的五条基本法则："百工为方以矩，为圆以规，直以绳，正以悬，平以水。"这五法其实就有着一种理想性，《法仪》所谓的"五法"中既蕴含了基本的科学原理，又具有极强的可操作性，对于生产与制作实践具有直接的指导意义。墨子又说："无巧工不巧工，皆以此五者为法"，《法仪》强调了科学技术的客观规律性。同时，墨子还认为，只要按照一定的法则行事，则无论行事者本人巧与不巧，都能大概成事："巧者能中之，不巧者虽不能

① 肖双荣：《墨子的技术观》，《湖南医科大学学报》2009 年第 5 期。

② 黄世瑞：《墨子重农思想考》，《华南师范大学学报》2006 年第 3 期。

中，放依以从事，犹逾己。”《法仪》虽然墨子曾经把一些重要的器具的发明者称作圣人，然而，这里又指明了技术法则对于百工成事的充分性，破除了所谓工巧的神秘性，对于科学技术和生产与制作技能在普通百姓中间的推广具有十分重要的意义。

不仅如此，墨子还认为，科学技术的本质是有利于人的，而且将这一认识贯彻到生产实践中去。运用技术发明和制作器具是人的自由创造能力的体现，在这种意义上来说，技术是通向艺术的。在墨子的时代，所谓百工之事不仅包括手工技术制作，也包括今天所说的纯粹艺术，如音乐和绘画等，乐工和画工都属于百工。① 因此，以器具的发明与制作为目的的技术也属于潜在的审美范围，其中蕴含着巨大的审美愉悦。当技术利人的本质被遮蔽的时候，可以说技术与我们今天所谓的纯粹艺术没有什么两样，而墨子是反对技术的这种去本质化的，坚持技术为人所用，要给人带来利益，将是否有利于人作为评价技术的首要标准。

公输盘的思想在中国古代美学思想中，如果要说“妙”是评价精神性的艺术美，“巧”则是评价物质性的技术之美的一个标准。可是，我们所谈及的墨子的技艺观是坚持技术要有利于人，批判了为技术而技术的投机取巧式的技术观。

第四节 思辨在数学、物理学等具体科学中的运用

起初的墨家之重辩主要是为了推行和捍卫他们的政治主张，但是到了后来，随着谈辩活动的逐步深入，后期墨家由政

① 肖双荣：《墨子的技术观》，《湖南医科大学学报》2009 年第 5 期。

治伦理的范围局限扩大到自然科学等领域。

一 墨子时空观中的辩

墨子在自然科学方面成就很广，我们先从时间、空间问题说起。空间与时间可以说是很富魅力的概念，作为感性的对象，它是早就存在于人们意识中的，而这个过程其实就是一个辩的过程。爱因斯坦说："空间和时间融合成为一个均匀的四维连续区。"[①] 其意为时空是不可分割的，二者组成了一个四维向量坐标系。这与墨子的时空观在哲学含义上基本一致，只是更加量化了一些。

《墨经》说：

久，弥异时也。（《墨子·经上》）
久，古今旦莫。（《墨子·经说上》）

古代生产力低下，接触多是机械的运动。时空观念也是因为观察机械运动发展起来的。墨家论述机械运动，凡呈绵延性的，一律用"久"，比如静止有绵延性，墨家说：

止，以久也。（《墨子·经上》）

再如，位移也有绵延性：

行循以久，说在先后。（《墨子·经下》）

---

① 《爱因斯坦文集》（第一卷），许良英等编译，商务印书馆 1983 年版，第 296 页。

行者行者，必先近而后远。远近，修也；先后，久也。民行修，必以久也。（《墨子·经说下》）

墨家不仅认为时空出自客观运动并指出时空属性决定于运动属性：

穷，或有前不容尺也。（《墨子·经上》）

穷：或不容尺，有穷；莫不穷尺，无穷也。（《墨子·经说上》）

尽，莫不然也。（《墨子·经上》）

尽：但止动。（《墨子·经说上》）

"穷"指宇的极限，"尽"指久的极限。《经说》指出，宇的局部——"或"增大其广延到该区域之前，不容几何线之程度，便是宇之终极。这是对时空本质在认识论方面的解释。墨家看到空间是运动的异质共存形式，时间是运动的异质转换形式。① 这是唯物主义思想而有辩证法因素。

墨子在《经说下》篇曾从不同的角度刻画了空间和时间。《经说下》：

行者行者，必先近而后远。远近，修也；先后，久也。民行修，必以久也。久有穷无穷。

这也在很大程度上符合恩格斯的观点。恩格斯说："无限纯粹是由有限组成的，这已经是矛盾，可是事情就是这样。……

① 杨向奎：《墨经数理研究》，山东大学出版社2000年版，第49页。

正因为无限性是矛盾，所以它是无限的、在时间上和空间上无止境地展开的过程。”① 可见，墨子已认识到了“久”“宇”是有穷无穷的矛盾统一，这已达到了相当深刻的思想深度。

墨子的时空观具有极其重要的科学价值与哲学意义，其时空理论来自墨家的观察和实践，而不是主观的臆测。墨子关于时空定义可操作性的思想，时空“有穷无穷”的思想，时空不可分的思想，宇宙是无限的思想等，即使在当代仍然放射出灿烂的光辉。

墨子是中国古代的大哲学家，更是伟大的科学家，他的光学成就已经有人注意到并加以论述、阐释，其实他在数学和力学上的贡献尤为突出，这牵涉时间和空间的问题。时间和空间是哲学问题也是科学问题，自古至今任何人、任何事物都离不开时间和空间，而他们用的方法却是一种思辨的方法。

二　数学中的思辨性

数学的特点在于对象的抽象性、逻辑的严密性和应用的广泛性，其根源在于数学对象的非感性、思辨性。

中国古代数学在形成专门著作——《九章算术》之前的战国时代曾出现过一个百家争鸣的发展科学的良好局面，尤其是名家与墨家的争辩，直接关系到数学抽象与数学推理。当时争辩的问题和数学有关的不少，例如规与矩的圆和方是否符合抽象定义的圆和方，无大小的量是否可以积成有大小的量，空间是有穷还是无穷的，瞬时运动是运动还是静止等。辩论的结果使得《墨经》产生了一系列严格的数学定义，例如点、圆、方、平、直、相合、相连、相切、无穷大、无穷小等；与此同

① 《马克思恩格斯选集》第三卷，人民出版社 1995 年版，第 391 页。

时，也产生了一些十分重要的数学思想，例如名家强调概念抽象定义的一般性和重要性。①

国内数学史工作者认为墨家时期理论薄弱，只是个别公式和定理证明，或认为寓理于算，对于《墨经》的理论则较少论及或只是提及一些定义和命题。孙宏安于1999年在《新华文摘》发表的看法很具代表性。他认为："治术精神是中国古人认识中表现出来的基本精神之一，科学方面也是这样。从现代解释的角度看，中国古代科学中重实用而轻视理论，表现出理论技术化的倾向：一方面，科学家们认为科学就是一种可用于天地万物的治术，因而科学就被表现为实用性体现；一方面科学内容'术'化，理论就包含于技术描述之中。在这种观点指导下，中国古代数学一般被表述为实用性的'应用数学'体系，并以求解各类问题的算法——就称为'术'作为主要内容。"②

之所以如此，道理也很简单，因为数学和数学家都不是孤立的，而是社会有机体的一个部分，所以，除社会发展对数学的需求，社会生产力所建立的物质基础和其他科学给数学研究所提供的条件是数学发展的基本动力外，追求数学的精确性，即讲思维上的理也是数学发展的内在动力。

当然，上述的论述还有不足，墨家在数学方面的成就远远不止几何学，还涉及数学的很多领域，但因《墨经》原文训诂较难，又因《墨经》本身的颇多脱落，实在难以作正确全面的估价。③ 但就现有能作训诂的经文论，墨家在数学方面的成就超出当时的世界水平，或者说，是远超出当时的世界水

---

① 梅荣照：《墨经数理》，辽宁教育出版社2003年版，第204页。

② 孙宏安：《中国古代科学发展的文化背景》，《辽宁大学学报》1999年第5期。

③ 杨向奎：《墨经数理研究》，山东大学出版社2000年版，第36页。

平。他们已经理解了变数的理论，理解极限的概念，他们还首先发现了零。墨家说：

穷，或有前不容尺也。（《墨子·经上》）

穷：或不容尺，有穷；莫不容尺，无穷也。（《墨子·经说上》）

这里的“穷”即数学上的“极限”，《说文解字》说：“穷，极也。”极限概念是变数研究中的基础，它使我们能够从“量”的变化发展研究客观事物的“质”的变化。

根据《墨经》现有的条文所作的分析，这些变数理论富于辩证思想，以下足以证明这一点：

损，偏去也。（《墨子·经上》）

损：偏去也者，兼之体也，其体或去或存，谓其存者损。（《墨子·经说上》）

损去一部是对全体而言，全体而不全是谓偏，损是对存者言，不是对去者言。相对于全而有偏，相对于存而有损，就偏而损者言固全固存，这也是数学上的相对原理。

墨家子弟大多是工程师、科学家，他们擅长数学、物理，因而掌握了运算方法而且善于运用。梁启超曾经注意到墨家的几何学，他曾经列举《墨经》中十二条有关几何学的“特别用语”，并且说：“墨子年代在欧几里德之前，《经》中论形学各条，虽比不上几何原理的精密，但已发明许多定理。”① 而

① 梁启超：《墨子学案》，上海书店出版社 1992 年版，第 24 页。

正是在这种规定中体现着思辨性。

三　墨家在力学方面的思辨性

在两千多年前，墨子在生产、生活中对“力”现象的理解和研究成果，可以说与当今“牛顿力学”以及近代科学教材类似，而且所表现的贴切性、本质性，还要胜过牛顿力学规律。这也正是一种辩的过程，不只是局限在静止的一面，而是用运动的眼光看问题。运动就是反证辩的一种过程。对此，专家学者曾注意到：

> 动，或从也。(《墨子·经上》)
>
> 动：偏祭从者，户枢免瑟。(《墨子·经说上》)

其文中，“动，作也”，“作者也，起也”，运动之意也。“或，帮也”，即促动之意。《说文》云：“从，移也。”“从”同纵。“祭”同际。“或从”意为相对于原位置空间的运动。[①]“户枢”，门户之中枢之意，即古代木门（内侧上下两端木柱）之纽。“免瑟”，无响声之意。

> 止，因以别道。(《墨子·经上》)
>
> 止：无久之不止，当牛非马，若夫过楹。有久之不止，当马非马，若人过梁。(《墨子·经说上》)

《经上》“止”，谓事历久则止也，“止，对于动而言，静也。”“无久不止”，任何物体均有（时间的长或短而言）的

① 梅荣照：《墨经数理》，辽宁教育出版社2003年版，第45页。

静，或有因受阻而静之意。

“当牛非马”，即物体运动的快或慢之形容。

“若夫过楹”，即好象人在走廊中穿越柱子似的，其中楹是指走廊之立柱。

“若人过梁”，即好象人走过桥梁。这正是墨子对物体运动状态的最形象而又生动的描述，这要比牛顿对力的描述更形象、更丰富、更有内涵。

“动或从也”，“止已久也”，此句说明物体本来静止，其他物体纵之则动；该物体运动，受其他物体阻碍则止。这与牛顿第一定律相比大致相同。[①] 牛顿第一定律即任何物体都保持静止的或匀速直线运动的状态，直到受其他物体的作用迫使它改变这种状态为止。至于“其他物体的作用”，就是对静止或运动的物体所施加的“力”，也就是下一段《墨经》中对“力”的定义。在这里墨子又把机械运动的移动、转动，甚至振动[②]的三种形态都提出来了。这也是墨子在生产实践中对运动理论最精辟的实践总结。

近年来出版的理论力学书，在绪论中有时也谈到墨家关于力学的理论，但多偏于静力学杠杆平衡等理论，很少涉及其他方面，其实墨家不是没有其他理论，而是我们没有注意到。思辨性就是贯穿其力学始终的重要因素。有关于力的定义，他们说：

力，刑之所以奋也。（《墨子·经上》）

力：重之谓下、与重奋也。（《墨子·经说上》）

---

① 方孝博：《墨经中的数学和物理学》，中国社会科学出版社 1983 年版，第 50 页。

② 任继愈、李广星主编：《墨子大全》（第 3 编·第 73 册），北京图书馆出版社 2004 年版，第 72 页。

孙诒让解释说："凡重者，比就下，有力则能举奋也。""有力则举重以奋也"，和《经》文义相当，而"重之谓下"，却是重力的本质问题，他们意识到引力的存在，所以曾经说："引，无力也。""无力"之形容引力是可取的，只能感觉到这力的作用而找不到这力的根源，所以说："引，无力也。"没有引力，谈不到"重"的问题，也谈不到"力"的问题。①

"奋"字古人释为"动也"。"奋"字不只是代表运动，而是代表运动的变化，就是"变速度"，也就是牛顿第二定律中的"加速度"。物体由静止变运动，或由运动转为静止，凡改变物体的动止状态者，皆谓之"力"。人类日常生活中，最熟悉的力就是重力，故曰："重之谓。"自由运动物体，在重力作用下，必定是垂直落下，这个自由落体的运动，就产生"重力加速度"，也就是"下与重奋也"的含义。牛顿第二定律说："物体受力作用而产生的加速度，与力同方向，并与力的大小成正比。"用公式，即：

$$F = Ma$$

M 是物体惯性的度量，称质量。在地球表面上，上式可写为：

$$P = Mg$$

P 是向下的重力，g 是重力加速度，也充分体现了"下与重，奋也"的含义。

合与一，或复否，说在拒。(《墨子·经下》)

"合"是数力并施，即合力。"一"是单一力。"复"是

① 梅荣照：《墨经数理》，辽宁教育出版社 2003 年版，第 42 页。

反作用，即力学之反作用力。“拒”是抵御和抗拒。《经下》说：对一物体数力并施或一力相加，有时反应明显，有时反应不明显，其原因是抗拒形式不同之故。牛顿第三定律说：“对于任一作用力，必有一与其等值、反向、共线的反作用力。”《经下》所说施力于物体，必有其反力，与牛顿第三定律相同。但古人更进一步发现有时反力存在，而人不易察觉的情形，则用“否”字表示，这就看“拒”的情况了。如墨家发明的“连弩之车”，后人记载：“巨矢一发，声如雷吼。”可见其推力之大。而“连弩之车”与地面相连，故“机地”之反力，不易察觉，和另段《经说下》“引，无力也”含义相同。皆实有力、而似无力。所以《经说下》比第三定律更能进一步说明作用与反作用力的各种实际情况及其状态，而这种作用与反作用就是辩两面性的客观现实表现。

第五节　结语

以上我们简要探讨了墨家在逻辑领域、《备城门》中的攻守思想，以及具体科学中，如力学、数学等方面的成就。尽管这些成就从科学的角度讲意义是重大的，代表了中国古代的科学成就的辉煌业绩。但是在这里，最吸引我们的并不是这些成就本身，而是这些成就背后所体现的精神和方法。正是这种精神和方法使墨子的思想从中国思想史中的大多数学派鲜明地分辨出来，形成自己的特色，而这种精神和方法多是在思辨的基础上演变发展而来，可见思辨在墨子科学技术思想中占据中心地位。

为了明确思辨的普遍意义，似乎还有必要再作说明，因为无论是中国学者还是西方学者，一般都承认逻辑、数学之思辨性价值，而对于所谓实证科学则不以为然。事实上，牛顿力学是刚体力学，它并不是客观存在的感官对象，而是理想的、思辨的对象①，这就是为什么牛顿把自己的伟大著作称之为“哲学原理”及“自然哲学”的道理。

① 李春泰：《相对论——形式化的赠品》，《自然辩证法通讯》1990 年第 5 期。

第四章 墨子的自然哲学

在吾国古籍中欲求与今世所谓科学精神相悬契者，《墨经》而已矣，《墨经》而已矣。

——梁启超

第一节 引言

墨子既是伟大的哲学家也是伟大的科学家，他在总结当时的哲学和自然科学的优秀成果的同时，形成了丰富而精深的自然哲学。所谓自然哲学，是指人类思考我们所面对的自然界而形成的哲学思想，从广义上来说，自然科学是自然哲学的重要组成部分。墨子就自然哲学范畴提出了始基论、物质论、因果论、时空论、运动论等问题。

墨子以自然作为科学独立认识之对象，认为自然界存在着普遍因果联系，注重探求原因，把握本质、规律。亚里士多德曾说："智慧就是关于某些原理和原因的知识。"① 事实上墨子与亚里士多德就其研究领域而言存在着极为广泛的对应关系，自然哲学就是其中的一个重要方面，他们对空间、时间、运

① ［古希腊］亚里士多德：《形而上学》，商务印书馆1997年版，第3页。

动、物质等的探索既有相通之处也存在巨大的差异，共同构成了东西方自然哲学的瑰宝。墨子在自然哲学方面的精辟见解，创造性思维的深度和理论是传统思想的宝贵资源，也是世界科技发展的重要源流之一。

第二节　墨子自然哲学的基础

先秦自然哲学的最大特点是，人和自然界被认为是可以相互沟通、相互联系的，它们被当作一个整体，先哲们喜欢以人事追求天意，又以天意附会人事，将自然理法化，由此天道观与伦理观熔于一炉，道德准则常常被奉为自然的原理和目的；而早期希腊自然哲学的最大特点是，尚思辨、重探索，这时的哲学家研究的中心是“本原”问题，他们试图以知识来说明千变万化、多种多样的自然事物的统一性，为现存的自然现象寻找其背后起支撑作用的根据或理由，使它们的存在和生成得到合理的解释。但是墨子的自然哲学保持着中国传统的自然哲学的特点，其自然哲学的基础之一“兼”，与先秦自然哲学把世界看作一个整体，有共同性；另外，墨子把“故”作为其自然哲学的另一重要基础，这一点又与古希腊哲学对存在的本原及其本质的探索具有某种一致性。

一　“故”：追溯原因

对希腊人来说，哲学起源于疑问和惊讶，它首先表现为对知识的追求。亚里士多德认为哲学是存在之所以存在的科学，即研究存在及其本质属性的原因与原理的科学。他的哲学是以自然哲学为基础，从对本原和原因的讨论开始的。无独有偶，中国古代伟大的哲学家——墨子，也以探究世界万物的原因与原理为其哲学的出发点之一。他遇事总是问一个“为什么”，“从何而起”，“是否有道理”。概而言之即“故”，墨子认为“故”就是原因和根据，后期墨家学者继承和发展了墨子的思想，在《墨经》中对“故”进行了系统的阐述和研究。侯外庐认为，墨家文献中的故，“就其基本性质来看，大体形成了逻辑的概念”①。胡适认为，故是墨家逻辑中的一个非常重要的概念，“科学的目的只是要寻出种种正确之故，要把这些‘故’列为‘法则’（如科学的律令及许多根据于经验的常识），使人依了做去可得期望的效果”②。

《墨经》开宗明义，第一条就提出“故”作为全篇的总纲，“故”是墨子自然哲学的重要问题。

> 故，所得而后成也。（《墨子·经上》）
>
> 故：小故，有之不必然，无之必不然。体也。若有端。大故，有之必无然，若见之成见也。（《墨子·经说上》）

“故”是某一现象成立的原因，例如使水蒸发的原因是高温，这表明原因引起结果，结果显出原因。既有此原因，必有此结果。所以“故”这一范畴，反映事物之间因果的必然联系。但由于条件的完备与否而有“小故”和“大故”的区分。构成原因的各种条件的总和为“大故”，有了它，这一现象必然发生，没有它，这一现象必然不能发生，例如天空下大雨，道路

① 侯外庐、赵纪彬、杜国庠：《中国思想通史》（第 1 卷），人民出版社 1957 年版，第 244 页。

② 胡适：《中国哲学史大纲》（上），东方出版社 1996 年版，第 184 页。

必然潮湿；具有其中的部分条件为“小故”，它只是这一现象所依赖的众多条件之一，有了它，这一现象还不一定发生，例如，水汽饱和只是形成降雪的条件之一，如果有了它，不一定降雪。后期墨家继承和深化了对因果规律的认识，形成了探究现象因果联系的方法论，这和古希腊、近代科学思想在本质上具有一致性。正如梁启超所言：“在吾国古籍中欲求与今世所谓科学精神相悬契者，《墨经》而已矣，《墨经》而已矣。”[①]

墨子自然哲学的主旨是反映自然现象的本来面目、本质和规律，因而推论占有重要的地位，而推论又必须以“故”作为根本大法。

> 以说出故。（《墨子·小取》）
> 立辞必明其故。（《墨子·大取》）

这里指推理或论证的目的就是找原因、论据，强调了“故”对于结论的重要性，“故”是事物所以能产生的原因和条件，也是论题所以成立的具体论据和理由。因此，推论中“立辞”（结论）的先决条件和最基本要求就是求“故”。墨子认为，唯“明其故”始能“察其类”。

由于“何故”或“何说”成了支配的决定武器，在方法上加强了墨子思想的深度，例如对问题的看法不但要平面地说明现状，并且更重在立体地发掘问题的来源，也即从发展的观点来把握事物的本质。

墨子的方法之所以能保证其科学性，不但因为其“察类”“明故”的方法，更与实践有着内部的关联。墨家是工匠与学

① 梁启超：《墨经校释·自序》，商务印书馆1922年版，第2页。

者相结合而热衷于科学探索的学派，墨子及其传人对“故”的重视既体现在其对关注自然、重视知识、崇尚理性的科学精神上，也体现在其对世代相传的百工技巧的因果探求中。

> 巧转则求其故。……法同，则观其同。（《墨子·经上》）

总之，《墨经》第一条开宗明义，指明任何事物的发生和存在（成）都有它的原因（故），这就是客观事物的因果必然联系。“故”这一范畴是墨子自然哲学的基本原理，在自然哲学范畴，“故”即是对自然及其本质属性的原因与原理的寻求，如对时空、物质、运动等客观事物的本质及其形成原因的探究，这与古希腊哲学家对宇宙的生成、自然的本原等问题的探究有共同性。

二　兼：整体性联系

天人合一是中国传统的哲学命题，世界被认为是一个相互联系的整体。世界的整体性在墨子的学说里体现为一个“兼”字，“墨子贵兼”，因而“兼”是墨子自然哲学的又一大特点。

> 体，分于兼也。（《墨子·经上》）
> 体：若二之一、尺之端也。（《墨子·经说上》）

“兼”指一个整体（总体，全体），是指称由一些元素所组成的整体；“体”即个体（个别，部分）。“尺”即几何学上的线，“端”即几何学上的点。尺可分为无数端，故尺为兼，而端为体；尺当于二，而端当于一。概而言之，即个体是从全体分出来的。

墨子认为世界是一个普遍联系的统一整体，各种事物因其共同性而互相联系，又因其特殊性而有所区别。《墨经》中以牛与马之间的关系以及手指和手掌的关系为例子来说明整体与部分的关系。

> 物，一体也，说在俱一、惟是。（《墨子·经下》）
>
> 俱一，若牛马四足；惟是，当牛马。数牛数马，则牛马二；数牛马，则牛马一。若数指，指五而五一。（《墨子·经说下》）

在这里，"牛马"为一个集合的整体，它由"牛"和"马"两个元素构成，这一整体既包含了共同性也囊括了特殊性。"俱一"即共同性，如果从牛马都是四足的共同性来看，这一整体中的两个元素是相互联系的；"惟是"即特殊性，如果从它们之间的特殊性来看——例如马无角而牛有角，它们则是由相互区别的特殊部分构成的一个集合整体。更浅显地说，事物之间的整体与部分的关系就如同手掌与手指之间的关系。同是有五个手指的一只手，如果以手指的不同名称分别来看，则有拇指、食指、中指、无名指和小指总共五个；如果以它们都是手指的共同属性合起来看，则五个手指连属于手掌而构成一个整体。

> 牛马之非牛，与可之同，说在兼。（《墨子·经下》）

墨子学说中的"兼"反映的是若干事物构成的一个整体，"牛马非牛"与"牛马非马"这两个命题旨在说明整体与部分的区别与联系。部分总是从整体分出并且随着整体的运动而转移，部分服从于整体并发挥其独立的功能，因此部分与整体的联系是密切的、有机的。由此看来，宇宙万物是一个相通的整体。正如詹剑峰先生所言："由此看来，墨子兼爱、尚同等理论皆从整体这一范畴出发，所以古代人就曾指出'墨子贵兼'，'兼'是墨子哲学的基本原理之一。"①

梁启超也持类似的说法："墨学所标纲领虽有十条，其实只从一个根本观念出来，就是兼爱。"②

由以上的分析可见"兼"在墨子的思想中占据了极其重要的地位，因而墨子主张"两而勿偏"。

第三节　墨子的时空观

空间与时间是最富魅力的概念，空间的三维性和时间的方向性③至今仍是科学家们苦思冥想的问题，虽然作为感性的对象，它早已存在于人们的意识中。但据语言学家的分析，人类可能首先形成的是比较具体的可以直接感知的空间的观念，然后才在空间观念的基础之上形成了时间观念，因为很多语言中表示时间关系的前置词或介词都由表示空间关系的前置词"兼任"④。时间观念的起源，至少可追溯到公元前 9000 年到

---

① 詹剑峰：《墨子的哲学与科学》，人民出版社 1981 年版，第 17 页。

② 梁启超：《墨子学案》，载《饮冰室合集·卷八》，中华书局 1988 年版，第 8 页。

③ D. Layzer：《时间的方向性》，《现代物理学参考资料》1978 年第 3 期；［美］斯蒂芬·霍金：《时间史之谜：从大爆炸到黑洞》，张星岩、刘建华译，上海人民出版社 1991 年版。

④ 例如汉语中的"从……到"，俄语中的"от……до"，英语中的"from……to"，而汉语中的"到"字至今还保留着明显的空间移动的含义。

公元前5000年，因为那时已有了人工植物栽培[1]；这意味着人类已进入农耕时代，可能知道节气，可能已有历法。据A.马沙克的实物考古表明，在3万年前的旧石器时代已有了时间刻画的符号。[2]

二者之间的关系又是怎样的？这是哲学也是科学中的一个基本问题，《墨经》通过物体运动研究时间、空间，并给出了明确的定义，对时间和空间的实质及其关系作出了比较客观的科学的探讨，给我们提供了一种认识和理解时空的视角。

一 墨子的空间、时间之“弥异”性

空间和时间在墨子的哲学视野中，占有显著的地位，他曾对这些对象进行过专题讨论。

墨子在《经上》篇与《经下》篇曾从不同的角度刻画了空间和时间，据墨学专家方孝博先生对现存资料的统计，共有五条。[3] 在《经上》篇中墨子提出了时间与空间的初步定义：

> 久，弥异时也。宇，弥异所也。

《淮南子·齐物训》中说：

---

① R. 波蒂埃、J. 巴罗：《农业技术的起源、发展和推广》，联合国教科文组织《非洲通史》第一卷，中国对外翻译公司1984年版，第512—513页。

② Alexander Marshack, Upper Paleolithic Notation and Symbol, *SCLENCE*, 1972, Vol. 178, 817 - 828.

③ 方孝博：《墨经中的数学和物理学》，中国社会科学出版社1983年版，第30页。

往古今来谓之宙，四方上下谓之宇。

这与墨子的说法是一致的，“久”与“宙”古音相通，“久”就是“宙”。《墨学研究：墨子学说的现代诠释》一书中对“久”和“宇”的定义的内涵作了精辟的解释：

在现代汉语中，“久”意为“时间长”与“时间的长短”，“宙”指往古来今的时间。可见，“久”意指绵绵的时间。《玉篇》云：“弥，遍也。”吴毓江将“弥”解释为“遍也、覆也、满也。”可见，“弥”当为遍布、充满之意。“时”当为时刻讲，与“宇，弥异所也”之“所”作地点讲相对应。所以，“久，弥异时也”，当解释为时间就是周遍充满各种不同的时刻或瞬间。此为“久”之定义的内涵……“宇，弥异所也。”意为空间就是遍布充满各种不同的场所。此为“宇”之定义的内涵。①

由此可见，“弥”这一个字可以形容时间的悠久无极，又可以形容空间的广漠无垠。墨子用这一个字同时来定义“久”与“宇”，就巧妙地表明了时间和空间的充满、连续性，这是它们的共性。另外，值得注意的是，上文只顾及了“弥”的意义，而忽略了对“异”的解释，事实上，墨子还强调了时间与空间的“异”性，即运动、变化性，这也是它们的共性。所以墨子提出时间与空间的共性可谓“弥异”性，即充满、连续、运动、变化性。但“久”与“宇”有其共同性，又有

① 徐希燕：《墨学研究：墨子学说的现代诠释》，商务印书馆2001年版，第41页。

其各自的特性。所以墨子用了“时”和“所”来阐释“久”和“宇”的个性。这里墨子肯定了时间、空间存在的普遍性，因为“时”和“所”前面都有“弥”，而非局部存在；断言时间、空间的本性即运动、变化故曰“异”。值得注意的是，“所”并不就是“空间”，而是“空间”存在的位置，这与亚里士多德用“地点”概念表示空间有异曲同工之妙；“时”也并非就是“时间”，而是借空间所描述的特定“时间”表示。人们可借用这些位置来认识它，例如用太阳⊙与地平线_的位置关系表示时间⊙即“早晨”，太阳刚刚从地平线升起，谓之“旦”；又用太阳⊙与草地的位置关系表示太阳落于草丛中，即“黄昏”。

《经说上》篇进一步解说了“久”中的“异”与“宇”中的异：

久：古今旦莫。宇：东西家南北。

“莫”通“暮”，此处的“家”字，争议较多。如张纯一、姜宝昌、顾千里等学者认为“家”字为衍文，应删去。胡适、谭戒甫、詹剑峰等学者认为“家”应移至“东”前，改为蒙。梁启超则将经说改为“宇，冢东西南北”。孙诒让则认为应保留“家”一字：“家犹中也，四方无定名，必以家所处为中，故著家于方名之间，非衍文也，今不据删。”[①] 刘昶对“家”一字的精妙之处作了精辟的诠释，他认为地为圜体，无在不是中央，亦无在可称中央；无在不有四方，亦无在可称为何方。任何迁移，而中央四方从无定称，因此不曰东西中南

① ［清］孙诒让注：《墨子间诂》，上海书店出版社 1986 年版，第 206 页。

北，而曰东西家南北。

《墨经》“久”中的“异”或变化为古、今、朝、夕；“宇”中的“异”或变化为以“家”为中心的东、西、南、北诸方位，这里的“家”是“我”的住所，是认识的主体①，是东西南北的参照系。虽然“宇”就整体而言只有广延性没有位序性，但“宇”中的局部却因为参考系的建立而有着相对的位序关系。只有在“宇”中设立一个参照系，才能度量“宇”中局部移动的广延形式和绵延形式。

由此可见，墨子的时空观富于实践的色彩，这是从实在性角度出发的一个外延定义。此外，墨子对时空的充满、连续性的肯定体现了“兼”这一基本原理；墨子还断言时空的本性即变化、运动性，体现了“故”这一基本原理，从发展的观点上来把握事物的本质。

二 墨子的时间之“有久”与“无久”

在对时间、空间作了一般性的界说之后，墨子又转而探讨时间的“有久”与“无久”问题。

> 始，当时也。（《墨子·经上》）
>
> 始：时或有久，或无久，始当无久。（《墨子·经说上》）

在墨子的观念里，“时”有两种情况，一为“有久”，另一为“无久”；“始”者“当无久”。这就是说，“始”即现

① ［美］尤金·N. 科恩、爱德华·埃姆斯：《文化人类学基础》，李富强编译，中国民间文艺出版社1987年版，第86—90页。

在。这种规定性简单明了，很适合于以现象界为对象的科学。

许多学者对“始”作过解说，如梁启超在《墨经校释》中对“始”作过解释。梁启超认为《墨经》所指的“时”兼有久、无久两者而言，有久之时，人们容易察觉；无久之时则非常识可见，如果时间不是析至极微极微，就不能称之时。若不可析，则称之为无久。而所谓始者则与此无久之时相当也。可见梁启超认为我们可感知的“时”是有限长度的时间段，这个时间段是可分的；不可感知的“时”则是无限小的时间，即时刻，这是不可再分的，“始”则相当于时刻。

此外，孙诒让对“始”也作了一番精辟的解释：“此言始者，或时已历久而追溯其本，或时未历久而甫发其端，二者皆谓之始，但始必当无久时，若已有久，则不得谓为始也。”①

更浅显地说，在有过程的有限长度的时间里，时间有其起点，如一日始于晨，一时始于分，一分始于秒，皆有所始；而对于没有过程、没有长度的时间而言，时间是没有起点的。始就是指没有过程、没有长度的时刻，换言之，始是时间坐标上的一个点，一个没有绵延的点。

在范耕研的《墨辩疏证》中，“始”被当作“刹那”，即极短的时间：“始，时之初也。当时，今也。任何刹那，皆尝为今，任何刹那，又皆可讬始，故曰，始，当时也。久以时之相继而成，时以久之存在而益显，此有久之时也。然于长宙之中，任指一刹那而截断之。不以承前不以继后……无久之时，与讬始刹那正同，故曰，始，当无久。”②

《经说上》言：

① ［清］孙诒让注：《墨子间诂》，上海书店出版社 1986 年版，第 213 页。
② 范耕研：《墨辩疏证》，商务印书馆 1935 年版，第 63 页。

止：无久之不止，当牛非马，若矢过楹。

其中之“无久”若矢过门楹，转眼即逝，亦指极为短暂的瞬间或时刻，可佐证“始”即时刻或刹那之说。这一解说备受赞美。笔者以为把开始或现在解释为“刹那”之所以好，就在于这一解释使“有久”与“无久”符合了“时”这一整体是由“时间段”与“时刻”构成的，即“体，分于兼也”这一原则，使全体等于部分之和。

墨子已经意识到时间上的开始是对某一个别事物的运动而言，它总是具体的、特定的、相对的，因而时间是有穷的；而对整个宇宙运动而言，时间又是无穷的，因而世界没有开端也没有终结。时间既是有穷的，又是无穷的，表明时间是一个矛盾的统一体。这符合了中国人以矛盾为前提，给“阴阳”变换以合法地位，在对立的两极中寻求统一的基本精神。希腊人与中国人相比，更重形而上学，而中国人则以辩证法——主要是以《易经》为典型的辩证法——来审视世界。方孝博先生正确地指出：“物理学中讨论物体变化运动的过程和性质时常常要研究时间开始（$t=0$ 时）的情况怎样，以决定所讨论的问题的起始条件；所谓 $t=0$ 者，正是‘当时’之‘始’，是任意指定的某一刹那，但决不意味着在这个刹那之前是没有时间的。墨经本条关于‘始’的定义是辩证的唯物的，和近代科学思想基本符合。”①

但随之便产生了近代科学何以不在中国而在欧洲开始呢？对此的解释众说纷纭，如政治因素决定论、思想文化因素决定

① 方孝博：《墨经中的数学和物理学》，中国社会科学出版社 1983 年版，第 34 页。

论、现实条件决定论、综合因素决定论等。笔者认为这是由科学自身发展阶段所需要的方法决定的，研究表明，李约瑟问题是一个假问题，在科学发展的初期，简单的形而上学方法比复杂的辩证法更适于发展的需要。

三　墨子空间之“有穷”与“无穷”

空间是有限还是无限？这在哲学史和科学史上是一个争论不休的问题。近代欧洲哲学家康德曾致力于时空理论探讨而深刻地影响了后来的思想家和科学家，但其时空理论并没有解决时空的界限问题，康德所发现的“二律背反”是一种不能解决的矛盾。然而两千多年前，墨子探讨空间“有穷”与“无穷”的理论却是矛盾的统一论。

> 穷，或有前不容尺也。（《墨子·经上》）
>
> 穷：或不容尺，有穷；莫不容尺，无穷也。（《墨子·经说上》）

“或”与古“域”相通，即区域，尺就是线。墨子认为空间既是“有穷”的也可以是“无穷”的。比如用一根有限长度的尺子去度量一个具体的空间，此空间在一定区域中边际之极，其前不能容一线，是为“有穷”；但在此空间边际之外，仍有同它相接者，其前莫不容线，依次扩展以至无限，是为“无穷”，故空间无穷无尽。这说明“无穷”是无数“有穷”的集合，“无穷”存在于无数“有穷”之中，这也体现了“体，分于兼也”这一基本原理。孙中原先生曾在《墨家的宇宙人生智慧》一文中对墨子的“有穷”和“无穷”理论给予了高度的评价：“这里巧妙地用具体和抽象相结合的方法，借用一根有穷长的尺子，给空间的‘有穷’和‘无穷’的哲学范畴，作出正确定义，酷似古希腊阿基米德的度量公理（一有穷长线段的长度可度量），表明墨家对物质运动、时间、空间及其有穷、无穷的辩证关系，有深刻认识。”①

杨向奎先生则用数学的原理对墨子空间的“有穷”与“无穷”作出了精辟的论述：“‘穷’即极限，‘或有前不容尺也’，即指空间可以无限分而达不到极限。结合到数学分析，线段 L 小于任意小的正数 ε……$L<\varepsilon$ 是无限小的极限，‘穷’也就是这个极限。$\varepsilon=$ 尺，而 $L<\varepsilon$，也就是‘或有前不容尺也’。而‘莫不容尺’，指变量绝对值可以大于任意的正数 M，仍以 L 表示这个变量，是 $L>M$。

因为 L 是变量，另有 f（N），那么无限是：

$$|f(N)|<\varepsilon$$

而无穷大是：

$$|f(N)|>M$$

有穷是无限小，无穷是无限大。空间其大无限，其小无限，上下无限也就是上下均无边界。这是用数学方法证明空间无限的最早尝试。”②

我们再联系《墨经》对“宇”的定义：

> 宇，弥异所也。（《墨子·经上》）
> 宇：东西家南北。（《墨子·经说上》）

“弥”即肯定了空间存在的普遍性；“所”即“空间”存

① 孙中原：《墨家的宇宙人生智慧》，《重庆工学院学报》2006 年第 7 期。

② 杨向奎：《墨经数理研究》，山东大学出版社 2000 年版，第 55—56 页。

在的位置，东西南北只是以“家”为中心的空间存在的位置。东西南北各个方位的场所全部被充满，这就是空间。因而，墨子有“南方无穷”的理论，

> 无：南者有穷则可尽，无穷则不可尽。有穷、无穷未可智，则可尽、不可尽，未可智。(《墨子·经说下》)

孙诒让在《墨子间诂》中指出：“此南，即指南方；无南，尤言南无穷也。”南方无穷即等于宇宙无穷，因为在逻辑上不可能在有穷的宇宙内存在无穷的南方。

在辩证的时空观看来，时间和空间是有限性和无限性的辩证统一。纵观墨子对时间和空间的有限和无限的阐述，可见其与辩证的时空观相吻合。总的来说，有限是局部，是无限的必要环节；无限是全体，是有限的必然趋势。这也符合非标准分析的理论，值得注意的是，在非标准分析中，单子本身没有边界。如原点的单子 m（0），它是由全体无限小所组成的集合。显见，m（0）非空且有界。实际上，每一个正实数 a 就是它的上界。但它没有确界，这是单子的一种特性。因为如果 t 是它的最小确界——上确界。那么只可能出现两种情况：或者 t 是某一个正的无限小，或者 t 大于某个正实数 a。在前一种情况下，$2t$ 也是无限小，故必属于 m（0），但 $t<2t$，因而 t 不可能是 m（0）的上界。在后一种情况下，a 本身就是 m（0）的上界，故 t 不可能是 m（0）的最小的上界。同理，m（0）亦无最大的下界（下确界）。在非标准分析中，把单子的这种集合叫作一种外（external）子集（当然还有别的子集）。[1]

---

① 孙广润：《非标准分析概论》，科学出版社 1995 年版。

四 墨子的空间与时间之关系

时空这一极富魅力的概念吸引了无数哲学家和科学的眼球，如古希腊哲学家亚里士多德对时空的探讨，近代科学家牛顿的绝对时空观的建立，继牛顿之后，康德提出了二元时空论，乃至爱因斯坦相对论的提出，为时间和空间的研究开创了一条新路。而两千多年前，墨子的时空观却与相对论时空观有惊人的相似之处，所以有人指出："墨家虽然没有发现相对论，但是墨家时空观和相对论的时空观在强调时空与物质运动不可分割这一点上是完全一致的。"①

在墨子的自然哲学范畴里，宇宙就是时间与空间，两者间具有共同的性质"弥异"，这是一种普遍的难分难解的联系。

> 宇或徙，说在长宇久。（《墨子·经下》）

这里的"或"为域，这就是说，空间运动，范耕研在《墨辩疏证》中指出："言宇之长因乎久也。"张纯一于《墨子集解》中指出："久即宙。言宇与久无从分剖。宇非恒定而不转徙。历时即久既是宙也……此文以宇摄久。重在徙字、盖谓三世无世，十方无界。"②

墨子的运动使时间与空间有了联系。在《经说下》篇对

---

① 孙中原主编：《墨学与现代文化》，中国广播电视出版社 1998 年版，第 124 页。

② "宇南北在旦有在莫"这句话令人惊叹：但据明代顾炎武对《诗经》中的民谚分析表明，在夏、商、周三代，农民、劳动妇女、兵士、甚至儿童，"人人皆知天文"，因为他们都用星象定时间。参见崔振华、徐登里编著《中国天文古迹》，科学普及出版社 1979 年版。

这一命题作了解释，特别是时间与空间联系的具体方式：

> 长宇：徙而有处，宇。宇，南北在旦有在莫。宇徙久。

“徙”即运动，其意谓，物质在运动过程中的每一瞬间必然是处在空间的某一地点，这就是“宇”；在不同的空间有不同的时间，在南极是白天，在北极则为黑天，这就是在运动中空间与时间的联系方式。① 杨向奎先生认为：“宇长徙而有方分南北，因为宇位移而有地区上的南北，而有时间上的旦暮，宇南是旦，宇北是暮。虽然这种宇徙的方向有问题，但他们为宇徙找到坐标点，认为是宇徙而不是日徙，因宇徙而有时间和空间之相对关系等理论，在当时说是卓越的，尤其是坐标点的选择，这给当时的数学和物理学的发展以有利的条件。”②

正由于运动在不同的时间处在不同的地点，才看出空间和时间的密切联系，谭戒甫先生在《墨辩发微》中指出：“弥遍所徙之域即宇也，弥遍所徙之长即宙也。然域徙则长徙，二者常相需而并起。若以域徙之弥异所，合之所需长徙之弥异时，即可形成一宇宙。则谓宇由域徙长徙二者之综计亦可。故曰宇或徙说在长。”③

> 宇进无近，说在敷。（《墨子·经下》）

---

① 张纯一编著：《墨子集解》，成都古籍书店 1988 年版，第 327 页。

② 杨向奎：《墨经数理研究》，山东大学出版社 2000 年版，第 195 页。

③ 谭戒甫：《墨辩发微》，中华书局 1964 年版，第 228 页。

“宇进”即空间位移，也就是说空间位移无远近可言，因为整个空间是无边无际的、无中心的；无论向什么方向前进，都不会趋向边际的。但是在“宇”中设立一个参考系，以时、空联系起来相互参照，其两者又有在量的方面的依赖关系：

> 行循以久，说在先后。（《墨子·经下》）
>
> 行者行者，必先近而后远。远近，修也；先后，久也。民行修，必以久也。（《墨子·经说下》）

即就如人走路一样，先走近处，后走远处。这里先后即运动的时间变化，远近即空间运动的变化，人行路途长必然需要时间，因此，时间的流逝和空间的移动两者是密不可分的；这里时间与空间的联系非但主观意识所为，而且定有客观的必然尺度——时间与空间的相互牵连性。这是我们能够感知的相对的度量，空间的变化就表明时间也随之变化，反之，时间的变化也预示空间的变化。

墨子用运动把“宇”和“久”联系起来，以时间测度空间，以空间测度时间。因此他的时空观具有相对性，这与牛顿的绝对时空观不同。牛顿坚持空间与任何外界物体无关，永远同一而固定不动，绝对的、真空的、数学的时间本身，无论有无其他任何客体，它总是永远均匀不断地流逝着，即使将物质全部移开，空间和时间都依然如故。

第四节　墨子的运动观

什么是运动？运动的本质是什么？这些问题曾是古今中外的许多哲学家、科学家花大力气探讨、思考的。墨子也曾致力于考察事物运动的形式和本质问题，并形成富有辩证精神的运动观。墨子认为物体的运动或静止是以时空变化的形式表现的，物体运动既是一种空间位置的变化，同时标志了时间的流逝，物体静止不动说明空间位置虽然没有动，但时间仍在流逝，这也有别于牛顿的绝对时空观。

墨子在《经上》篇相继提出运动和静止与时间、空间的关系，于《经说上》篇予以解说。

> 动，或从也。（《墨子·经上》）
>
> 动：偏祭从者，户枢免瑟。（《墨子·经说上》）

这就是说，运动为空间的徙移，即物体之间或物体内各部分之间相对位置发生改变的过程，这里特指机械运动。具体而言，机械运动可以分为三大类：即移动、转动和振动。移动是一物相对于另一物体而言其位置的转移；转动和振动都是在被固定的区域内的运动，如门户只能绕轴转动到一侧，琴弦是在两端被固定的情况下发生振动。所以，转动和振动是物体空间位置移动的一种特例。谭戒甫先生认为“瑟”由于语音近似被假借为“閟”，即关门用的门闩。开门时要抽掉门闩，门板以一条边为轴心旋转，这条边保持静止，与这条边相反的那条边围绕这条边旋转。自身旋转运动在旋转物体的外围部分其观察效果最显著。无论任何形式的运动，运动物体的位置在运动中必将发生改变。

此外，墨子还提出了运动和速度的关系，

> 行循以久，说在先后。（《墨子·经下》）
>
> 行者行者，必先近而后远。远近，修也；先后，久也。民行修，必以久也。（《墨子·经说下》）

显然，这是一种基于速度即空间时间比值的考虑，即速度是以物体在一定时间间隔内在空间移动的距离大小来量度。因此，任何运动都离不开时间和空间，这是运动存在的形式。如果在某一具体区域内进行匀速运动，那么，所用时间与行进路程成正比例关系，如果时间长所走的路程必然长，反之亦然。姜宝昌先生指出："墨家这里所说的'行'（运动），已经隐含着行进速度恒定这一条件在内。因为人举步行进，行进速度可以认为是恒定的，而且只有行进速度恒定，才能出现先敷近，后敷远或必先近而后远的结果。"①

因此墨家虽然在文字表述上没有明确提出匀速状态下行进路程与所历时间成正比例关系，但实际上已经归纳出匀速直线运动的规律。

此外，物体运动的形态与速度相关，静止是运动的特殊形态。墨子在《经上》对物体的静止作了论述。

> 止，以久也。（《墨子·经上》）
>
> 止：无久之不止，当牛非马，若矢过楹。有久之不止，当马非马，若人过梁。（《墨子·经说上》）

"止"即静止，伴随着时间的连续。墨子对静止下定义，可以理解为联系运动来研究时间。所以说"止，以久也"。"无久"指高速言，如飞行的箭经过一根柱子，转眼即逝，其"不止"状态非常明显，但实际上不存在没有时间的动，即使一刹那也是时间；"有久"指低速运行，如人经过一座桥梁，

① 姜宝昌：《墨家的时空观和运动论》，载王裕安主编《墨子研究论丛》（五），齐鲁书社2001年版，第325页。

速度极慢，容易让人看到一步一止，每走一步都有短暂的静止。实质上，就过桥整个过程来说，它是由一系列相对静止的动作积集而成的，这体现了整体与部分的原理，即“体，分之于兼也”。由上分析可见，对于物体静止，墨子注重时间方面的刻画。

再联系墨子对时间与空间的初步定义：

> 久：弥异时也。宇：弥异所也。（《墨子·经说上》）

墨子在先已承认了，无论是宇还是宙都具有“异”性，并且不是个别的异性即运动性，而是“弥异”性，这就是承认运动的绝对性或普遍性；所以我们所谓静止仅有相对的意义，是说运动得极慢，变化时间悠长而已。由此看来，墨子所谓“若矢过楹”不同于古希腊哲学家芝诺所说“飞矢不动”。墨子的运动和静止的关系是辩证统一的，“矢过楹”和“人过梁”这两个例子恰好表明了静止和运动的关系正是事物运动过程的间断性与非间断性统一的表征。

恩格斯曾说：（运动）的本质是空间和时间的直接的统一；速度，运动的量，就是和一特定的流过的时间成比例的空间。墨子对运动的阐释正好体现了恩格斯之言。尽管运动物质的位置不断转换，但是，无论何时，它总是处于某一相对确定的位置上，也就是说时间和空间是运动着的物质的存在形式，因此墨子已经认识到物质运动与时间空间相联系。

第五节　墨子的物质观

上文曾提到“故”是墨子自然哲学的基本原理之一，这主要体现在墨子的物质观上。希腊人有重视物质研究的传统，这表现在他们对世界本原的猜测上：如泰勒斯的“水生万物，万物复归于水”，赫拉克利特的“火转化为万物，万物又复归于火”，阿那克西美尼的“气是万物的本原”，等等。这些早期的古希腊哲学家在变动不居的万物中寻求其统一的根据，即本原。但他们往往把本原归结于某种具体有形体的自然元素。而墨子与之相比的高明之处在于，他不像古希腊哲学家那样把世界的本原归结于某种具体的自然元素。他不仅从具体的物质结构中探讨了物质的本原，更从各种具体的实物中抽象出物质的概念。

墨子用“端”这个概念来表示事物存在的最小空间单位：

> 端，体之无序而最前者也。（《墨子·经上》）
> 端：是无同也。（《墨子·经说上》）
> 体，分于兼也。（《墨子·经上》）
> 体：若二之一，尺之端也。（《墨子·经说上》）

关于“端”这一概念，学术界有不同的见解，孙诒让、陈澧云、钱宝琮、方孝博认为“端”是几何上的点，梁启超、栾调甫认为“端”是构成物体的质点。吴毓江对“端”的解说可谓两者兼之：“‘端’是斯而析之，精至于无伦之体。以象言之，相当于几何学上的点。以万有言，是宇宙本体，是最原始之元子。惟其无序，是以最前，惟其最前，是以无同，要旨指出‘端’之特有性。”①

这一解说认为“端”不仅指几何学上的点，还是物体无

① 吴毓江撰、孙启治点校：《墨子校注》，中华书局1993年版，第507页。

限分割后的最小基元。墨子分析了具体的物质结构，端分于体，体分于兼，其中“端”是不可再分割的最小单位。

> 非半弗斱，则不动，说在端。（《墨子·经下》）
>
> 非斱半，进前取也。前，则中无为半。犹端也，前后取，则端中也。斱必半，毋与非半，不可斱也。（《墨子·经说下》）

“半”指对半分割，“非半”则是已经不能对半分割了，分割到不能再分即是端。由此，“端”是构成物质的最小单位，所有物质都只能被分割到“端”。可见，墨子对“端”的定义与古希腊德谟克利特的原子论颇为相似，但墨子并没有把构成物质的最小单位——“端”归结于某种具体的元素，这有别于早期古希腊哲学家对物质本原的探讨。构成物质的最小单位为“端”，那么哪些东西可以称为物质呢？墨子在《经说上》中给物质下了定义，

> 物，达也，有实必待文多也。命之马，类也，若实也者，必以是名也。（《墨子·经说上》）

可见墨子对“物”的定义为外延的最大概念，意谓“物质是最通达、最普遍的名称。有其实质必然待之以依类象形的名称”。这一定义并不局限于具体的实物，也包括了对各种具体实物的抽象。孙中原先生认为墨子的这一观点与恩格斯讲的物质概念很接近。无独有偶，陈孟麟在《墨辩逻辑学》中也指出，墨子对物的定义接近恩格斯指出的“物、物质无非是

各种物的总和，而这个概念就是从这一总和中抽象出来的”①含义。邢兆良对墨子从物质的构成来理解物质的宏观现象这一思想给予了高度的评价：“墨子从物体本身的物质构成来说明物体存在的形式及变化的原因。坚持从最简单的，可分析的因素来理解物体的宏观现象，从而使科学认识建立在对自然物体具体分析的基础上。这样，自然界作为认识的一个独立研究的客体的思想，在科学认识活动中具体化、明确化了……对研究对象从结构上分析是自然科学认识、思维活动深入发展的必经一环。”②

墨子进一步从时空与运动的角度来研究、说明物质存在的量。空间与时间是物质存在的基本形式，这是外在的；运动是物质存在的基本方式，这是内在的。那么，物质在运动中或时间、空间变换中其量是否有规律性的变化呢？

> 偏去莫加少，说在故。（《墨子·经下》）
> 偏：俱一无变。（《墨子·经说下》）

梁启超把上述命题看作几何公理“各分量之和等于其全量”；他说：“加少，增减也。莫，犹无也。偏去者，二去一，然所去者一，所存者一，两俱为兼体中之一体，所函之属性无变，故无增减也。两皆如其旧，故曰：说在故。”有人说这仅为数学概念，而非物理学；但从数学的发展史来看，早期的数学实为物理学研究，我们没有必要把这一阶段的数学与物理分开。方孝博先生把“俱一”解说为封闭的、孤立系统很符合

① 《马克思恩格斯选集》第四卷，人民出版社 1995 年版，第 343 页。
② 邢兆良：《墨子评传》，南京大学出版社 1995 年版，第 325 页。

经典物理学的概念：对于一个封闭系统，物质只能在系统内部迁移变化，但整个系统的物质总量则守恒，也就是没有变更（不加多，也不减少），所以说："俱一，无变"，这就是物质不灭。

这说明墨子已经能认识到物质虽然能够变化，但不能消灭或凭空产生。于是墨子提出了万物始于"有"的主张，墨子指出"无"有两种，

> 无，不必待有，说在所谓。（《墨子·经下》）
>
> 无：若无焉，则有之而后无；无天陷，则无之而后无。（《墨子·经说下》）

这就是说所谓"无"，一是过去有过而现在没有了，如某种已经灭绝的古生物，这不能因其已不存在而否定其曾为"有"；二是从来没有过的事物，如天塌陷，这是本来就不存在的"无"。这两者的实质是不同的，本来就不存在的"无"不会生"有"；"有"是客观存在的，其变化只是形式的改变。因此，宇宙间任何现象的存在都有其原因，即"故"。

物质的属性指事物本身所固有的性质，是物质必然的、基本的、不可分离的特性，又是事物某个方面质的表现。关于物质属性的问题，墨子也作了阐述。以石头为例，如果没有石头就不会知道石头的坚硬和颜色。也就是说，属性不会离开物质客体而存在，属性是物质客体的客观反映。人之所以能够感知物质的属性，是由于有物质客体的客观存在。可见墨子对物质属性的认识颇具客观性。

综上所述，墨子从对物质的结构分析入手探讨物质的本

原，进而从具体的物质形态中抽象出物质的概念，并进一步肯定了物质总量的守恒和客观存在的属性。墨子这一思想在今天仍然具有相当重要的科学价值与哲学意义。

第六节　结语

雅斯贝尔斯曾把春秋战国列入轴心时代，这是一个思想百家争鸣、社会剧烈转型的时代，当时墨学曾兴盛一时。事物发展具有所谓螺旋式重复之特点，近代的中国也处于新旧社会交替的时期，一切现象几乎均与相沿成习的传统精神相悖，而固有文化学术几乎皆不足以应对这种沧桑世变。在这样的背景下，墨学再一次显示了它的价值。墨学在清中叶复兴以后基本没有了它的时代意义，“但是它在中国历史上并非没有发挥作用。近代西方科学传入中国后，中国思想界提出中西中源说，而在墨学兴起后，更出现西学墨源说，这为中国文化与西方科学的嫁接提供了一个突破口”①。尤其是墨子的自然哲学，既包含了深刻的哲学思维也蕴含着先进的科学方法，这是中国传统文明的一大瑰宝。因此，即使在当代社会，墨子的自然哲学仍具有重要的科学价值和哲学意义。

从西方学术史看，科学是哲学的衍生物。尽管后来科学独立为与哲学并行的学科，但科学与哲学的互动关系仍然没有改变。以数学为例，数学史上的三次危机都起因于哲学或者说与哲学思想有密切联系。第一次数学危机起源于不可通约性的发现；第二次数学危机起源于无穷小数；第三次数学危机起源于

① 林振武：《中国传统科学方法探究》，科学出版社 2009 年版，第 120—121 页。

几何悖论。这三次数学危机显示了哲学上整体论原理的重要性，整体论要求把事物当作一个整体或系统来研究，并用数学模型去描述和确定系统的结构和形式。在亚里士多德以前的古希腊哲学家曾力图提出一个完整的世界体系，希腊世界在整体论中循环。黑格尔以后进入第二次整体论循环，而墨子的整体论思想（“体，分于兼”）则迎合了世界发展潮流，走入第三次整体论循环。有的学者指出科学已经进入整体化发展阶段，如果不根除悖论，那么整个系统将处于矛盾之中。而墨子的整体论思想则为我们解决这一问题提供了一个可资参考的视角。

科学与哲学的密切结合在墨子的自然哲学思想中得到很好的体现，如墨子对物质的解析，这既是一种哲学思维也是一种科学方法。一方面，科学问题的哲学解是哲学通向科学的中介，使哲学作为科学的理论指导成为可能；另一方面，科学问题的哲学解是科学通向哲学的桥梁，使科学作为哲学的基础成为可能。

相对而言，中国是一个注重时间的民族，因而史书浩如烟海，中国史学家更倾向于从时间阶段阐述历史；而西方是一个注重空间的民族，如牛顿的力学、爱因斯坦的相对论都是首先从空间上突破，西方的史学家往往从空间位置划分历史。可以说东西方文化的立足点是不尽相同的，从哲学角度来说，中国传统秉持的是实用哲学，而西方传统秉持的是思辨哲学。墨子的自然哲学具有很强的实用性却不失思辨色彩，对“故”的重视是其哲学思想的一大特色。在中西文化汇通的今天，墨子的自然哲学思想为这一汇通提供了一个契合点。

第五章　墨子的心理学思想

以其所以善为恶者，端视其所入之教育环境而定。如以现代教育心理学视之，墨子似乎属于所谓的环境论者。

——李绍崑

第一节　引言

在心理学的发展史上，心理学的学科性质问题一直是一个争论不休的问题。在20世纪上半叶的中国心理学界，对于心理学的学科性质，最有代表性的观点主要有四种：第一种观点以陈大齐为代表，主张“心理学乃研究心作用之科学，即研究精神作用之科学也”；第二种观点以郭任远为代表，主张心理学“是生物的科学之一种”；第三种观点以郭一岑为代表，主张心理学是一门“社会科学”；第四种观点以潘菽为代表，主张心理学是和物理学、生物学“鼎峙而为三”的三种“基本的科学”之一。而自20世纪50年代以后至今，中国心理学界对心理学的学科性质的认识经历了一个变化的过程，大致可以分为以潘菽和郭任远为代表的两个子阶段：自1950年起至1988年止，经过潘菽等人的辛勤探索，中国心理学界日益倾向于认同潘菽所主张的心理学是一门介于自然科学与社会科学之间的中间学科的观点；但自潘菽先生于 1988 年去世后，大致自 1989 年起至今，中国心理学界对心理学学科性质的主流看法实又回到了当年郭任远所主张的“是生物的科学之一种”的观点上。作为一个著名的激进行为主义者，郭任远主张将心理学完全纳入自然科学，认为心理学属于生物科学的一个分支。①

中国的心理学如此，西方的心理学亦然。美国本土第一位心理学家威廉·詹姆斯（William James，1842—1910）②，是最早把心理学看作一门自然科学的心理学家，而另一位美国行为主义心理学创始人约翰·华生（John Broadus Watson，1878—1958）③ 也主张心理学应该成为“一门纯粹客观的自然科学”，而且必须成为一门纯生物学或纯生理学的自然科学。中国当前的学术界认为，心理学具有自然科学和社会科学交叉的特点。心理学是属于自然科学还是社会科学的范畴仍存在着争议，一般认为基础心理学归为自然科学范畴，应用心理学归类于社会

---

① 汪凤炎：《当前中国心理学发展中值得反省的四个问题》，《西北师范大学学报（社会科学版）》2006 年第 5 期。

② 威廉·詹姆斯（William James，1842—1910），美国本土第一位心理学家和哲学家，也是教育学家，美国机能主义心理学和实用主义哲学先驱，美国心理学会创始人之一。1875 年，建立美国第一个心理学实验室。1904 年当选美国心理学会主席，1906 年当选为国家科学院院士。詹姆斯是最早把心理学看作一门自然科学的心理学家。他在《原理》的序言中指出：“在本书的整个范围内，我始终密切地保持自然科学的观点。”他进而主张“心理学是关于心理生活的现象及其条件的科学”。在他看来，构成心理生活的物质结构，实际上是心理的组成部分。他把生理条件和心理现象都包括在心理学的研究对象之中。

③ 华生（John Broadus，1878—1958），美国心理学家，行为主义心理学创始人。他认为心理学研究的对象不是意识而是行为，他的行为主义又被称作“S－R”心理学，即刺激—反应心理学。在华生看来，心理学应该成为“一门纯粹客观的自然科学”，而且必须成为一门纯生物学或纯生理学的自然科学。华生在使心理学客观化方面发挥了巨大的作用。

科学范畴，因此，亦有人称之为“中间学科”。

1860年后，在欧洲德国，费希纳、冯特实验心理学的兴起，才象征着现代心理学的开端。但就心理学思想的历史来说，自有人类文化以来，便有心理学思想的产生和发展，绵延至今。在古代希腊、印度和中国的哲学中都包含着心理学思想。可见，心理学是一门既古老又年轻的科学。

而先秦诸子，以墨子最富有科学思想。拥有科学及哲学双科博士的李约瑟，在他的大著《中国之科学与文明》中称赞《墨子》：“可成为亚洲自然科学之主要基本观念”，“其所描出之要旨为科学方法之全部理论”。不可否认，墨子在自然科学领域的研究成就是多方面的，他在几何学、力学、光学等领域不断探求的科学成就精华，在求索中体现出的科学态度和科学精神，在中国古代科技史上散发着璀璨的光芒，这也吸引着无数学者对墨子的中国传统科学技术的探索和墨子科技思想的理论和精髓的探索，如“兼爱交利”与民本主义科技观等，但缺少对墨子的心理学思想成就与贡献进行探索。在张知寒等著名学者的论丛中，我们可以发现墨子的心理学思想在中国自然科学发展史上有着不可估量的贡献，在美籍学者李绍崑的论述中可以发现，墨子的思想与西方现代心理学有着紧密的联系：“就字源学讲，心理学（Psychology），源于希腊文。Psychosl-ogos，意为‘心学’，也就是中文的‘心理学’”，亦即古人所讲的“人同此心，心同此理”的意思。“中文传统的正体字中，‘爱’字是有‘心’的，而且‘心’在爱的中央。而英文的‘爱’，至少有三种不同的名词：最低层次的爱，称之为‘Love’，目前是最被滥用的爱，如‘To Make Love’，也就是性行为之意；其次的爱，称之为‘Charity’，目前也被滥用了，是指给人‘施舍’，并非仁爱之美德；而最高尚的‘爱’，英文直译于希腊文，而称之为‘Agape’，乃指大爱、博爱或墨子所称的‘兼爱’！”①

中华民族有五千年的灿烂历史文化和丰富的心理学遗产，在现代西方心理学未传入中国以前，中国的哲学家、教育家、思想家的著作中就已经记载着丰富朴素的心理学思想。所以，美国心理学家墨菲曾指出：“世界心理学的第一个故乡是中国。”

第二节　《墨经》的基础心理学思想

基础心理学（basic psychology）是心理学的基础学科。它研究心理学基本原理和心理现象的一般规律，涉及广泛的领域，包括心理的实质和结构，心理学的体系和方法论问题，以及感知觉与注意，学习与记忆，思维与言语，情绪情感与动机、意识，个性倾向性与能力、性格、气质等一些基本的心理现象及其有关的生物学基础。

在古希腊语中，心理学由“灵魂”ψυχή（psyche）和“研究”λόγος（logos）所组成。柏拉图提出过二元并存的理念，有人认为亚里士多德《论灵魂》是西方最早的一部论述心理学思想的著作。经由长久的演变，慢慢地产生各式各样不同的学科，包括了现在人所了解的心理学。心理的起源，尤其是人类高级心理过程，如思维、语言、情感、意志等高级心理特征的产生，是神经基础及人类社会化进程的产物。哲学心理学主要是在探讨心身关系、天性与教养、自由意志与决定论、

① 李绍崑：《墨子论爱与智》，载王裕安、李广星主编《墨子研究论丛》（七），北京图书馆出版社 2006 年版，第 604—605 页。

知识来源四大议题。其早期的理论有一元论、二元论、环境决定论、精神决定论等。而在墨子的《墨经》中有很多阐述和应用多处涉及思维、语言、情感、意志等基础心理学研究领域的思想。

《经上》《经下》《经说上》《经说下》《大取》和《小取》六篇，称为《墨辩》，亦称《墨经》。《墨经》是墨子本人所著，还是他的后学门人所编撰？学术界有不同的看法。但其中记录的许多独到的见解与思想，显然是墨子思想的继承与发展。章太炎（炳麟）《国故论衡》中有《原名》《明见》诸篇始引西方名学及心理学解《墨经》，其精绝处往往惊心魄。[①]美国李绍崑在第六届墨学国际研讨会发表《墨子论爱与智》中谈道："墨经是一部中外千古的奇书！当代的墨学专家詹剑峰教授将墨经分为八段：总纲第一，认识论第二，道德学第三，心理学第四，政治学第五，宇宙论第六，几何学第七，逻辑学第八。"可见《墨经》是一部以阐述认识论、逻辑学和自然科学知识为主要内容的著作，其中蕴藏着不少珍贵的心理学思想。难怪杨向奎盛赞"一部《墨经》等于整个希腊！"

第三节　知虑心理思想

中国古代对知虑心理思想的阐述非常丰富，其相当于现代心理学的认知心理学。认知心理学（cognitive psychology），是研究人的智能或认识活动的性质及其过程的一种新兴流派和思潮。它研究人的高级心理过程，主要是认识过程，如注意、知

---

① 梁启超：《中国近三百年学术史》，引自朱维铮校注《梁启超论清学史二种》，复旦大学出版社 1985 年版，第 361 页。

觉、表象、记忆、思维和语言等。认知心理学形成于20世纪60年代，其主要标志是1967年出版的美国心理学家U. 尼塞的专著《认知心理学》，成为其自成体系且立足于心理学界的标志。

一 人性问题

众所周知，心理学是脱胎于哲学的，在探讨心理学现象时，人性问题是研究主线，其他诸如形神问题、情欲、知行、性习都是对人性问题的展开。与孟子的“性善论”和荀子的“性本恶”不同，墨子认为人的本性有如素丝无善无恶，而环境和教育对人的品质及心理发展有着巨大影响，甚至是决定作用。这就是墨子著名的“所染论”。墨子说：

> 染于苍则苍，染于黄则黄，所入者变，其色亦变，五入必，而已则为五色矣。故染不可不慎也！（《墨子·所染》）

这就说，丝染了青颜料就变成青色，染了黄颜料就变成黄色。染料不同，丝的颜色也跟着变化。经过五次之后，就变过五种颜色了。所以染这件事是不可不谨慎的。墨子还结合“国家”与“士”论述人的本性与环境的相互关系。“以其所以善为恶者，端视其所入之教育环境而定。如以现代教育心理学视之，墨子似乎属于所谓的环境论者（Environmentalism）。”[①] 这与美国行为主义者华生（J. B. Watson，1878—1933）的机械环境决定论有近似之处。

---

① 李绍崑：《中国的心理学界》，商务印书馆2007年版。

二　认知的过程

墨子在《经上》上中对认知的生理基础、认知的过程等进行了阐述，其中墨子的“虑、知、明”的思维过程构成了一个完整的认识过程，并初步分析了直接与间接经验、感性与理性认识。

“人”是心理学研究的对象。墨子在《墨经》中对“人”有积极的定义，其说法似近希腊哲圣亚里士多德。①“生，形与知处也。”孙诒让注云：“此言形体与知识，合并同居则生。”那是不是有了形、知共处的身体，人就能产生认识或心理呢?《墨经》说：

> 知，材也。平，同高也。虑，求也。同长，以相尽也。知，接也。中，同长也。恕，明也。（《墨子·经上》）
>
> 体：若二之一、尺之端也。知，材：知也者，所以知也，而必知，若明。虑：虑也者，以其知有求也，而不必得之，若睨。知：知也者，以其知过物而能貌之，若见。恕：恕也者，以其知论物，而其知之也著，若明。（《墨子·经说上》）

这就是说，有了“知材”，还要有“知接”。又云：

> 知而不以五路，说在久。（《墨子·经下》）

① 李绍崑：《中国的心理学界》，商务印书馆2007年版。

这便是他对上述问题科学的回答。墨子认为人要认识事物必须通过形体的“五路”，即耳、目、口、鼻、肤，而后进入人脑。这个“五路”就是“知材”，即今天我们所说的感觉器官。有了感觉器官（知材）这个物质基础，还要这个感觉器官（知材）具有随物反映的能力（虑，求也）；“知材”还要与外界事物接触（知接也），才能产生感觉，“以其知过（遇）物而能貌之”，感知事物，认识事物。最后，还必须对“接知”貌物得来的表象，“以其知论物”，达到“恕”的真知阶段。现在已有学者将“知材”“知接”“恕明”，直接译为“材知”“接知”“恕知”，使之相应接近今天心理学上通用的感觉、知觉、思维三种心理现象的含义。墨子把感觉、知觉、思维等心理活动过程加以区分，并认为它们的活动是人的形骸对外界事物的反映。这与德国古典哲学家康德（Immanuel Kant，1724—1804）的感性、知性、理性的提法相类似。墨子是一个“来者可知”论者，他的教育心理论述，就是建立在这样一个朴素的唯物主义认识论的基础上的。①

墨子将人的形骸视为产生感官能觉的物质基础，认为人们的认知就是在这种物质基础上发生，先有感官摹写客观事物的情状，而后由心官以虑以思而成概念。谈到认知的过程，美国普林斯顿大学曾做过一个著名的“剥夺感觉”实验，他们将55名自愿被试者分别孤单一人关闭在几乎隔音的暗室里。为了尽量制造剥夺感觉，被试者的手上套上长至肘部的棉手套，蒙上眼罩。他们的头套在一个U形枕头里以降低听觉刺激，同时空气调节器发出单调的声音，以限制听觉。这些被试者就

① 陈雁谷：《墨子的教育心理思想初探》，《零陵师范专科学校学报》1984年第2期。

这样没日没夜地躺在小床上，或者百般无聊地昏睡，或者胡思乱想，所有的人都感到难以忍受的痛苦，有的还产生幻想。4天以后对被放出来的被试者进行了各种测验，发现他们的各种能力都受到损害。而他们要恢复正常状态，则需要1天左右的时间。心理学家在其他大学做了类似的剥夺感觉实验，其情形也是如此。

这个实验充分证明了感觉虽然是一种简单的心理活动，但感觉与认知产生过程非常复杂。首先，感觉向大脑提供了内外环境的信息。通过感觉人可以了解外界事物的各种属性，保证机体与环境的平衡。感觉是认识的开端，知识的源泉。

三 思维和自然语言的关系

《墨经》对思维和语言之间的关系问题，其见解的深刻已接近现代心理学的成就，这与墨家辩学是分不开的。

墨子说：

> 言，口之利也。（《墨子·经上》）
> 执所言而意得见，心之辩也。（《墨子·经上》）

又说：

> 故言也者，诸口能之，出民者也，名若画俿也。言也，谓言犹石致也。（《墨子·经说上》）

“言”是语言，“意”是人们的思维表达。这是说，通过一定的语言，人们就可以了解和把握一定的思维与情感，“言”能达“意”。墨子看到了语言的结构映射出思维模式的一面。《墨经》提出，口的机能即在于运用语词来表达思想。思维需要借助语言表达出来，语言由语词来实现表达思想的功能，语词起符号、信号作用。墨家的“以名举实，以辞抒意，以说出故”完整地揭示了一个用语言形式表达思想的辩说过程。

四　释梦心理学思想——潜意识活动

《墨经》说：

> 生，刑与知处也。（《墨子·经上》）

这是说，“形”是身体，“知”是认识能力，“形”“知”相处才合于“生”，人的生命构成于形体和认识能力两者的结合，这是墨家所独有的见解。这是《墨经》对人的生命特征作的分析。墨子也结合“形”与“知”谈到“梦”，《墨经》说：

> 卧，知无知也。
> 梦，卧而以为然也。（《墨子·经上》）

这是说，睡眠是人的认识能力暂时无知的状态；梦则是睡眠时产生的错觉和幻象。

“卧”，古籍通用寐，现代汉语称之睡觉。“卧”，则“知材”无“知接”，当人们睡觉的时候，闭目塞听不与外界接触，是以无所知，但形骸的能知是存在的，不是不活动的。这说明感知觉是由外界刺激引起的。梦以为知是冥知，即“知无知”状态下得“知”，现代心理学称之为“潜意识”。按照现代心理学的经典精神分析理论，梦即是人的潜意识活动，表现的是潜意识的愿望。《墨经》对梦的定义，表明墨家学者对人类心理的实质已有一定认识。墨子对于“梦”的论述不多，却极为精辟。

第四节　情欲心理思想

墨子关于“情感”与“欲望”的思考，以现代心理学的观点视之，便与官能心理学有共同之处。官能心理学始于18世纪德国哲学家沃尔夫的研究。他在1734年出版的《理性心理学》一书中认为，人的心灵可分为两类官能：一类是认识官能，即知的官能，包括感觉、想象、记忆、注意和纯粹的推理；另一类是欲求官能，即情的官能，包括愉快或不愉快的感情和意志作用。德国心理学家特顿斯在沃尔夫思想的基础上提出，心灵官能应分为理解、愉快和痛苦三种感情意志，从而开创了心理官能知、情、意的三分法。

一　情感

在人的活动中，最容易表现出来的心理现象就是情感和意志。我国古代把人的情感分为“六情”，即“好、恶、喜、怒、哀、乐”（《荀子·天论》）或“七情”（《礼记》），其中好恶是两种基本的情感。

墨子谈到感觉与感情的区别与本质：

> 平，知无欲恶也。（《墨子·经上》）
> 平：惔然。（《墨子·经说上》）

这是说，“平”是指历物而貌之知觉而无欲恶之情的心理状态。在认知过程中，墨子谈到，知必有所以知之材，遇物而能肖貌之。所以，感觉和感情一样都是外物刺激人们感官的反映。詹剑峰对墨子有感觉与感情的论述曾作了以下分析：

"感情的本质是欲恶。盖人之情虽有爱憎、喜怒、哀乐、悲欢等之殊，但推其本根，爱、喜、欢、乐源于欲，憎、怒、悲、哀源于恶。而'平'是心有觉而无情，故曰，'平，知无欲恶也。'《经说》是解释'平'的心理状态，则心中恬淡，故曰，'惔然'。"①

墨家认为喜恶、忧惧诸情生于对利害关系的体验，喜恶的情感是判断利害的标准，"有利则喜，有害则恶"。墨家把情感的产生和需要的满足与否联系起来进行探讨。这是从利害或得失来说明情感和态度的。墨子的"诽誉说"：

《墨经》说：

誉，明美也。（《墨子·经上》）

誉之，必其行也，其言之忻，使人督之。（《墨子·经说上》）

《墨经》又说：

诽，明恶也。（《墨子·经上》）

诽：必其行也。其言之忻。（《墨子·经说上》）

这是说，"誉之"，必定是其行为值得赞美，故予以表扬，使之欢欣鼓舞，使之更加勉励以赴事功；"诽之"，必定是其

① 詹剑峰：《墨子及墨家研究》，华中师范大学出版社2007年版。

行为令人憎恶，故予以批评，使之惭愧。这表明墨子注重誉与诽所引起的情绪作用，墨家亦将诽誉看作激发某种情感的因素。

二　欲望

侯外庐在《中国思想通史》第四卷详细探讨《墨经》中有关“感情（欲恶）论”这个问题，他认为墨子的感情观源于墨子的损益说。那何谓“损”呢?《墨经》说：

> 偏去也。（《墨子·经上》）
>
> 偏去也者，兼之体也，其体或去或存，谓其存者，损。（《墨子·经说上》）

《墨经》又说：

> 损而不害，说在余。（《墨子·经下》）

《经说》：

> 损：饱者去余，适足，不害。能害，饱。若伤麋之无脾也。且有损而后益智者，若疟病之之于疟也。（《墨子·经说下》）

这是说，损，偏去的是整体的部分。这些部分或丧失或保存，相对保存而言，是丧失。

“损其余”，即损其一部分（“偏”），损去一部分不但不害于全体（“兼”），而且有益于全体。侯外庐将其解释为“合理的感情，要在于不任情地欲其所欲而恶其所恶”。实际上，“损益说”是墨家对欲望的主张。欲多、欲寡、节欲、去欲之争也是先秦诸子所关心并为后世学者继续关注的主要论题。

> 伤生损寿，说以少连，是谁爱也？尝多粟，或者欲不有能伤也，若酒之于人也。且恕人利人，爱也，则唯恕，弗治也。损：饱者去余，适足，不害。能害，饱。若伤麋之无脾也。且有损而后益智者，若疟病之之疟也。（《墨子·经说下》）

这是说，无少连曾有“欲恶伤生损寿”的说法。因为爱欲，才多吃饭来养生。有的欲望并不一定伤人。好比饮酒，对人来说并不伤害。况且知道利人就是爱人。那么如果良好的政治，从这个意义上说，欲恶更不会带来损害。损，饱者去掉余食，适当而不害。饱是能伤人的，进食过分，必伤脾脏。而且有损去而不但无害，更有益处，好比害疟疾的人击掉疟疾。

詹剑峰在《墨子及墨家研究》中将墨子的情欲心理思想称之为“论盲目意欲之害”，对墨子的这个有关欲望的例子作了以下的论述：“这条大旨是阐述任意行事的错误叫作讹。讹之形成有两个条件，一是穷于知，二是悬于欲。就是说，人们的行为由于所知狭隘，而又被意欲所牵系，往往犯错误。譬如说，欲养其一指而失其肩背，而智竟不知其害，这是智的过错。如果智审知其害，而仍然去做，则必罹其患。这就是说明人许多罪过皆由任意纵欲而成。”①

墨子反对纵欲，主张苦行。墨家认为，欲望不在于多寡，

① 詹剑峰：《墨子及墨家研究》，华中师范大学出版社 2007 年版。

情感的损益效果不取决于情感本身，而取决于人们对待情感的态度与方式。侯外庐认为墨家的节欲观是有条件的情感观，且称之为“损益感情论”，它“既异于孔子之安乐于道德情操（安仁、利仁），也异于老子之绝欲去私，故说，损益在于宜不宜”[①]。《经说下》特举例：“人之所欲”的“粟”与“酒”，有益于人生，多食则“伤生损寿”；懂得这个道理就不会对其过分追求。《墨经》中有关欲望的阐述，不仅仅提出了“损益说”，更强调认识能力、理智作用对控制欲望的重要意义。

关于墨子反对纵欲的观点，让我们联想到发展心理学研究中一个称为“迟延满足”经典的实验。实验者发给 4 岁被试儿童每人一颗好吃的软糖，同时告诉孩子们：如果马上吃，只能吃一颗；如果等 20 分钟后再吃，就给吃两颗。有的孩子急不可待，把糖马上吃掉了；而另一些孩子则耐住性子，通过睡觉、自言自语、唱歌等方式来转移注意消磨时光以克制自己的欲望，从而获得了更丰厚的报酬。研究人员进行了跟踪观察，发现那些以坚韧的毅力获得两颗软糖的孩子，长到上中学时表现出较强的适应性、自信心和独立自主精神；而那些经不住软糖诱惑的孩子则往往屈服于压力而逃避挑战。在后来几十年的跟踪观察中，也证明那些有耐心等待吃两块糖果的孩子，事业上更容易获得成功。实验证明：自我控制能力是个体在没有外界监督的情况下，适当地控制、调节自己的行为，抑制冲动，抵制诱惑，延迟满足，坚持不懈地保证目标实现的一种综合能力。它是自我意识的重要成分，是一个人走向成功的重要心理素质。这就是苦行的价值！

---

① 侯外庐等编：《中国思想通史》第 4 卷，人民出版社 1957 年版。

第五节　意志心理思想

《墨经》中有不少关于“志”的论述，我们以现代心理学的视角观之，认为墨子关于“志”的心理学思想颇为丰富。以奥古斯丁（Augustine，教父哲学代表人物，生于北非，354—430）为代表的中世纪的官能心理学，认为记忆、理智和意志三种官能都服从灵魂的总指挥，其中意志是根本，它对其他心理活动起制约作用。

一　志功说[①]

志功说，是墨子首先明确提出来的。在《墨子·鲁问》中，墨子提出必须将主观意志（志）与客观功效（功）结合起来加以考虑的“志功说”，即“合其志功而观”。

志功，不可以相从也。（《墨子·大取》）

墨家强调，主观意志与客观功效未必是相契合的。那如何才能将使客观功效成为主观意志的体现呢？又如何使意“志”之合目的的活动是正确的呢？侯外庐在《中国思想通史》中较为详细地探讨了这个问题。

《墨经》说：

必，不已也。（《墨子·经上》）
必：谓台执者也。（《墨子·经说上》）

① 侯外庐等编：《中国思想通史》第4卷，人民出版社1957年版。

这是说，意志活动，必定不停止。谈到选择意识，《墨经》说：

执所言而意得见，心之辩也。（《墨子·经上》）

这是说，坚持自己的主张，而得以实现，是用心治的结果。如何权衡与选择呢？《墨经》又说：

利之中取大，非不可得已也；害之中取小，不得已也。所未有而取焉，是利之中取大也；于所既有而弃焉，是害之中取小也。（《墨子·大取》）

这是说，在所做的事情中，要在利中选取大的，在害中选取小的。选取自己所没有过的东西，是在利之中选取大的；而抛弃自己已经有的东西，是在害中选取小的。

在这几段语录中，墨家提出了以下几个观点：（1）对“选择意志”的认识，即“取”；（2）从现代心理学中的动机心理学的相关知识来分析，强调发挥人的主观能动性和意志的能动作用。如：“必，不已也。”意谓意志活动为了达到目的，必须坚持不已。“台”即持，“执”谓持此意志而不已。只有充分发挥人的主观能动性，才能达到活动目的；而意志的活动具有激活、指向、维持和调整功能，并影响着行动的坚持性和行动效果。

“志功不可以相从也。”那如何才能使主观意志与客观功效相契合？《墨经》说：

合，正、宜、必。（《墨子·经上》）

古：兵立反中，志工，正也。臧之为，宜也。非彼，必不有，必也。圣者用而勿必，必也者可勿疑。（《墨子·经说上》）

这是说，合，矢射中的，志与功就符合，这是正合；人臣之所为，不见得符合君意，这是或合；非彼条件必不会存在，这是必合。圣人所用而不必是必合，必合者是无疑的判断。《墨经》又说：

欲正，权利；且恶正，权害。（《墨子·经上》）

这是说，欲望中权衡利益大小。厌恶中权衡害的大小。

“正者两而勿必，权者两而勿偏。”显然，“权”即衡量之义[①]，与儒家“执两用中”之“执”同。侯外庐认为，“权”是知、情、意三者的复合的因素，以“权”审定“宜”便可“必而不疑”。这里的“志”应理解为“动机”，动机与功利两者相合即谓“正”，即“志”要和“功”相合，才能产生“正”确的标准。

由此可见，墨子既注重效果，也注重动机。他举一个例子说：一个人要放火，一个人要救火，这两个人都还是没有实现的，请问，我们肯定哪个呢？那我们一定要谴责那个纵火者，要肯定那个救火者。所以动机和效果不可偏废。可见，墨子很重视动机，也很重视动机的作用与影响。从心理学角度分析，这强调了动机与效果的统一，即是把一个人的动机与效果结合

① 参见《墨子·经说上》。原文为：“仗者，两而勿偏。”孙诒让《墨子间诂》中说，“仗”当作“权”。

起来考察。

二 志行说

志行说，是关于意志与行动关系的观点。从心理学角度看，行为指意志行动。有志之“行”才叫意志行动，反之，无志之行，则非意志行动。有的学者认为《墨经》将行为区分为道德行为和学习行为；亦有学者认为《墨经》将行为分为“勇”与“力”两个阶段［详见下文（三）］。

《经说上》云：

> 志行，为也。
> 行：所为不善名，行也；所为善名，巧也，若为盗。

这里指出，做事的动机不应求名声；若求名声，就是投机取巧，就像盗贼一样。显然，墨家认为，意志行动是一种道德行为，是以中和之道为原则，以与人为善为动机的。这说明意志行动和情感有密切联系。

> 欲𨫼其指，智不知其害，是智之罪也。若智之慎文也，无遗于其害也，而犹欲𨫼之，则离之。是犹食脯也，骚之利害，未可知也，欲而骚，是不以所疑止所欲也。墙外之利害，未可知也，趋之而得力，则弗趋也，是以所疑止所欲也。观为穷知而悬于欲之理，𨫼脯而非恕也，恕指而非愚也，所为与不所与为相疑也，非谋也。（《墨子·经说上》）

“为，穷知而县于欲也。”孙诒让注云：“为否决于知，而人为欲所悬，则知有时而穷。”说明意志行动的产生，与一定的欲求有关，意志行动与行为动机相互联系。事实上，《墨经》的确强调人的意志行动是建立在认知过程基础上的，《经说上》特举上例，在“骚之利害未可知”的情况下，独断论者决定食用，而怀疑论者决定拒绝食用。但二者的行为均不可能满足合理性，是因为“为，穷知而县于欲”。意志动机来源于“欲”，而意志的自制力亦可抑制“欲”。

三　“勇”与“力”

《墨经》说：

> 勇，志之所以敢也。（《墨子·经上》）
>
> 勇：以其敢于是也命之，不以其不敢于彼也害之。（《墨子·经说上》）

这是说，勇，因为敢于为这，名为勇；不因为不敢于为那，妨害其勇。

这段话揭示了意志与勇敢的关系，并将勇敢顽强视为意志的重要特点。由此可见，墨家已经意识到勇敢是一种意志品质。这包含了三点心理学思想：（1）墨家认为“勇”是实现某种行动的主观意向，并强调意志的能动作用；（2）勇敢是一种知、情、意相结合的、以知为基础的极其复杂的心理过程；（3）反映了人的性格特征，即个性。人的心理活动主要包括心理过程和个性两个方面。现也有学者对此提出“志敢说”之言。

《墨经》说：

> 力，刑之所以奋也。（《墨子·经上》）

从物理学角度来看，这与牛顿力学可相媲美。而从心理学角度而言，这是对意志行动的自觉性的意志品质与能动促进作用所作的论述。《墨经》说："夫岂可以为命哉？故以为其力也。"（《非命下》）侯外庐认为，墨子的"非命"论就重在于意志，故"力"为"强为的意志力"；也有学者将墨子强调的"非命""尚力"说与现代心理学家勒温的"场论"相比，认为此"力"系人的承受力、应变力抑或是外界驱动的压力。

墨子的心理学思想如今看来并无神秘和特别之处，但是在两千五百年前却这样条理清晰，逻辑严密，并产生如此久远的影响，这确是中华民族的骄傲，当受后世景仰。

第六节　教育心理——心理思想的实践

现在我们探讨自然科学范畴的心理学思想，但在中国古代，应用心理学和基础心理学并行发展的特点很突出。墨子作为一个心理学家，在其长期教育、治军等实践中形成了以基础心理学与应用心理学相结合的心理学思想，并提出了一些重要的理论观点与基本原则来指导其实践活动，且在认知心理学等基础心理学的基础上，应用其心理学思想指导实践。

19 世纪 90 年代，当时美国心理学主流的心理学派——机能主义心理学派，就主张把心理学研究范围扩及动物心理、儿童心理、教育心理、差异心理、变态心理等领域，并强调心理学的实用性。这一学派在美国心理学界产生过很大影响，导致各种心理测验和实用心理学的显著发展。由于对心理的研究，从单纯主观方面扩大到客观方面，给行为主义开拓了道路。

虽然不少学者认为，中国古代心理学偏重应用心理学，但我们认为未提出系统的心理学论述，并不代表中国古代缺乏心理学的理论，就如同古人在将杠杆运用自如的时候，并不代表他们不懂得杠杆运动的原理，而只是未以文字性的语言表达原理。因此，我们在本章主要是论述墨子的普通心理学思想在生活各方面的具体应用与实践，而仅与现代心理学的应用心理学进行对比。

一　墨子关于教育心理学思想的理论

墨子是中国教育史上第一位进行科技教育的思想家。《韩非子·显学篇》云：

> 世之显学，儒、墨也；儒之所至，孔丘也，墨之所至，墨翟也。①

春秋战国时代，儒家和墨家并称为“显学”。墨子的一生，是上下说教的一生，而“遍从人而说之”的社会体验与教育实践，成就了墨子的教育心理论述。正如李绍崑先生说，“（墨子）不仅是一位著名的科学发明家，而且即使不是中国古代唯一的最伟大的科学教育家，也是最伟大的科学教育家之一”。

我国古代心理学思想大多是朴素的心理学思想，尚未成为系统的心理学。在这里，我们将结合现代心理学的教育心理学的观点进行探讨。教育心理学的宗旨，是应用普遍心理学的原则，来研究并探讨人类学习的能力、过程和方法。我们谈墨子的心理学如何应用于教育，就不能不谈到它的理论和方法。②

墨子对有关教育的心理思想的论述，散见于《两经》《十

---

① 王焕镳选注：《韩非子选》，中华书局1965年版，第20页。

② 李绍崑：《中国的心理学界》，商务印书馆2007年版。

论》《大小取》和《墨语》诸篇。

“人”是心理学研究的对象。墨子在《墨经》中对“人”有积极的定义，其说法似近希腊哲士亚里士多德。“生，形与知处也。”孙诒让注云：“此言形体与知识，合并同居则生。”①那是不是有了形、知共处的身体，人就能产生认识或心理呢？

在《墨经·经上》中，墨子给我们作了科学的回答：“知材”“知接”“恕明”的认知过程与“所染”的环境论。这在上一节的知虑心理思想已作阐述。墨子的教育心理论述，就是建立在知虑心理思想的基础上的。

> 公孟子谓子墨子曰：“实为善人，孰不知？譬若良玉，处而不出有余糈。譬若美女，处而不出，人争求之。行而自炫，人莫之取也。今子遍从人而说之，何其劳也！”子墨子曰：“今夫世乱，求美女者众，美女虽不出，人多求之；今求善者寡，不强说人，人莫之知也……”（《墨子·公孟》）

在先秦时期的私学教育中，墨子与孔子为代表的儒家显荣天下。他与孔子一样以“有教无类”的胸襟教育学生并付诸积极行动。然而，儒、墨两家教育哲学不同。有的专家认为：“孔子的教育哲学以‘人’为中心，他的教育目的是把他的弟子培养成为‘士’。……墨子的教育哲学是以‘天’为中心，他的教育目的是把他的弟子培养成为‘尊天、事鬼、爱人、节用’的智者。”②

① 李绍崑：《中国的心理学界》，商务印书馆 2007 年版。

② 李绍崑：《墨子：伟大的教育家》，张志怡译，湖南人民出版社 1985 年版。

正是两种教育目的的差异导致孔子与墨子的教育态度有所不同。“仕而优则学，学而优则仕”概括了孔子关于教育目的的主张，据《礼记·曲礼》记载儒家的教学态度是：“礼闻来学，不闻而教。”而墨子主张“兼爱”，想通过教育来培养“贤士”。相比孔子，墨子唯恐“不强说人，人莫之知也”。“聒教而不舍”“遍从人而说之”，这种积极的教学态度正是墨子的平民教育思想的体现。墨子的教育心理学思想中，不仅强调教育者在教育过程中的主观能动性，还提出“教学相长”。墨子说：“唱而不和，是不学也；智少而不学，功必寡”、“和而不唱，是不教也，智多而不教，功适息”。墨子强调在教学上要发挥双方的主动性，而“唱”与“和”在取得成效上都是同等功劳的。他认为教学工作带有相当强的双边心理活动性，缺少一方的积极性，便不能取得教学上的良好效果。墨子把教与学当作一个整体的两个方面来看，在这里，我们也可以看到他的“兼相爱，交相利”的思想影子。①

二　述而尚作——墨子的教育实践

理论指导实践，墨子育人“为圣人”的最高目标与“强聒说学”的教学态度，决定了其主动、启发式的教学方法；而其“述而尚作”的思想与其教育心理学思想的论述也与墨子的教学方法密切相关。

（一）知循三路，察类明故

教学过程中，墨子善于把握学生心理发展的特点，不仅局限于传授他们知识，更重要的是传授他们学习的方法。“知，

---

① 陈雁谷：《墨子的教育心理思想初探》，《零陵师范专科学校学报》1984年第2期。

传受之，闻也。方不障，说也。身观焉，亲也。”（《墨子·经说上》）墨子教导弟子“知必循三路”，“言必有三表”，即“亲、闻、说”，墨子认为学习首先是感官对外界事物直接获取知识，再而运用这些知识进行思辨、推论、求证而获得间接的知识。就认知和辩学而论，墨子更加注重后者的教育，他还在中国逻辑史上第一次提出了辩、类、故等逻辑概念，并要求学生学会“察类明故”，将辩作为一种专门知识来学习。这与孔子的“触类旁通”的启发式教学有所相似，现今不少学者甚至将孔子、墨子的这种启发式教学与苏格拉底的“助产术”相类比。

（二）注重实践，知行合一

墨子教育弟子说：

> 士虽有学，而行为本焉。（《墨子·修身》）
>
> 瞽不知白黑者，非以其名也，以其取也。（《墨子·贵义》）

墨子善用譬喻强调实践的重要性。“墨子主张，任何教育理论都必须‘知行合一’，说：‘官足以友行者常之，不足以举行者勿常。’同时，他在对学生进行了理论教育之后，有意识地让他们参与社会活动，以求理论与实践相结合。”①

（三）有教无类，因材施教

“上说诸侯，下教百姓”的社会教育实践贯穿着墨子的一生。他周游列国，免费广收学徒，真正实现了“有教无类”，

① 李绍崑：《墨子：伟大的教育家》，张志怡译，湖南人民出版社1985年版。

并且“强聒说教”。据《吕氏春秋·尊师》记载，

> 高何、县子石（硕），齐国之暴者也，指于乡曲，学于子墨子。……刑戮死辱之人也，今非徒免于刑戮死辱也，由此为天下名士显人，以终其寿……

就连高何、县子石（硕）这样的暴人也能成为墨子教育的对象并终成“显人”，足以见墨子的教育智慧之深。墨子言：“子深其深，浅其浅，益其益，尊其尊。”虽然墨子“强聒说教”，却始终根据弟子的心理特点、认识能力、实际水平、天赋特长等方面进行分科教学，使其成为“能谈辩者谈辩，能说书者说书，能从事者从事”的各类人才。

（四）继承创新，述而尚作

孔子主张“信而好古，述而不作”，而墨子提倡以古为鉴，述而且作。墨子提倡以古为鉴。墨子说“言必三表”，“何谓三表？子墨子言曰：有本之者，有原之者，有用之者。于何本之？上本之于古者圣王之事”。“有本之者”，指的是借鉴古代的经验得失。但是墨子在提出继承借鉴的同时并不是盲目继承，而是取其精华，推陈出新，力图成为一个创新者。他说：“吾以为古之善者则述之，今之善者则作之，欲善之益多也。”（《墨子·耕柱》）因此，在教学实验中，他不仅推行“实验法”，更加提倡创新，培养学生的创造性。

（五）注重德育，赏罚分明

“志不强者智不达，言不信者行不果。”墨家是一个有严密组织的集团，极其注重纪律教育。而墨家严肃的纪律是建立在道德基础上的，例如“墨者之法”规定“杀人者死，伤人者刑”。纪律教育，实则利用纪律教育富有人格感化的作用进行道

德教育，以培养德才兼备的人才。而在纪律教育中，墨子注重把握弟子的心理特点，以赏罚为激励手段，利用“誉”（赞扬）与“诽”（批评）对其弟子心理活动产生的影响作用，使其明辨是非，进而使思想教育工作卓有成效。这与美国理论心理学家罗伯特·利珀（Robert Ward Leeper，1904—1986）坚持主张的“情绪心理学”有相似之处，他们都认识到情绪的组织作用与情绪的动机性。罗伯特·利珀坚持主张：“情绪是一种具有动机和知觉的积极力量，它组织、维持和指导行为。”

第七节　治军心理——墨子心理学思想的实践

墨子以教育家的立场教导弟子们兼爱非攻的哲学，更进一步以军事心理学者的身份，训练自己弟子们的守御方法和攻心战术。[①] 墨子生在战国时代，提倡非攻，因此墨子《备城门》《备高临》《旗帜》《号令》《杂守》等十余篇皆以守备之法为主题，且蕴藏着相当丰富的军事心理思想。

著名军事心理学家 Driskell 和 Olmstedt（1989）曾说：“可能没有任何组织或机构会像军队那样与心理学科的成熟和发展有着如此紧密的联系。”军事心理学将研究焦点聚焦在军事应用上，可以看作是心理学原则、理论和方法在军事环境中的应用。[②] 燕国材在谈到中国古代应用心理思想的时候，总结了我国古代军事心理思想的内容，即将领心理品质、治军心理问

① 李绍崑：《墨子：伟大的教育家》，张志怡译，湖南人民出版社 1985 年版。

② 苗丹明：《军事心理学与军事心理学研究》，《第四军医大学学报》2004 年第 25 卷第 22 期。

题、士气心理分析和战术心理因素。[①]

一　尚贤使能，人尽其才

墨子认为，选拔使用军事人才，为其首者，当属守城主帅。在将帅选择上，要“择其国之贤者”，需“厚乎德行，辩乎言谈，博乎道术者”；在权力方面，国君应赋予将帅临机决断的权力，用人不疑；在人力资源上，“故可使治国者，使治国”，使贤者各得其所。墨子在《修身》篇详细谈了将帅心理品质的重要性。而心理品质的各种要素中，道德品质又直接影响着军事决策和军队效率。墨子充分意识到，优秀的心理品质会给将帅们树立良好的威信，使下属产生敬重感与服从意识，并以贤人为榜样，从而稳定军心，使军队更加团结强大。墨子正是看到了心理的重要性，才会在选拔人才与治军方面运用心理学的某些原则。不少学者则认为这也是墨子管理思想中的一个方面。

二　赏罚严明，令行禁止

治军方面，墨子有很多思想与孙子的治军思想有相似之处，治军过程中也可见墨子的军事心理思想的应用。人心浮动，是治军之大忌，而稳定军心的关键在于建立合理的将卒关系。前面已经提到墨子的将帅心理，而在将卒关系中，墨子主张“人和”，下级官兵应“尚同乎其上，而毋有下比之心”；上级将帅则应关怀下属，“下有蓄怨积害，上得而除之”，“已有善傍荐之，上得则赏之”。这一切都是为了使部队整体达到

---

① 燕国材：《中国古代应用心理学思想的主要分支》，《心理学动态》1995年第3卷第1期。

思想的一致性，团结一致，保持旺盛的战斗力。此外，为稳定军心，保证指挥系统的畅通和夺取守城战斗的胜利，墨子制定了严格的赏罚标准。在《号令》篇中，墨家再一次强调，“人亦如此，备不先具者，无以安主；吏卒民多心不一者，皆在其将长；诸行赏罚及有治者必出于公。”论功行赏，能调动起士兵和百姓杀敌立功的积极性；公平的惩罚，则利用士兵的畏惧心理而达到“令行禁止”的目的。这也是古代兵家利用士兵心理活动特点以激励和鞭策将士的一种普遍方法。这仍是墨子的“诽誉说”的具体应用，以现代心理学的情绪心理学视之，墨子将情绪的动机性和组织的作用性在任何一个领域都发挥得淋漓尽致。

三　善于分析士气心理

认为激励我军士气、瓦解敌军士气是作战取胜的一个重要心理条件；考察了激励我军士气的原则和方法、瓦解敌军士气的原则和方法。①

君子战虽有陈，而勇为本焉。（《墨子·修身》）

在墨子看来，勇敢本身就是一种武器。激励士气或瓦解士气往往是通过心理暗示或通过改变环境结构来影响士兵的心态和情绪。上面提到“赏罚分明”就是墨子常用的鼓舞士气之法，《墨子·旗帜》中提过：

① 燕国材：《中国古代应用心理学思想的主要分支》，《心理学动态》1995年第3卷第1期。

> 诸守牲格者，三出却适，守以令召赐食前，予大旗，署百户邑，若他人财物。建旗其署，令皆明白知之，曰某子旗。

这与商鞅崇尚功利的民心士气亦有相似之处。善于防御守城的墨子，还主张“有备无患，物尽其用”的思想。《杂守》中提到“凡有不守者五，……人众食寡，三不守也”，墨子将粮食视为影响军心士气，甚至是胜败结局的重要因素；“全民皆兵”思想也是墨子用兵的一大特点，墨子重视民众在战争中的伟大作用，注重充分调动民众的抗敌积极性，使军民同仇敌忾；分析瓦解士气的方法，《墨子》中也有诸多体现，如《墨子·号令》中也提到“誉敌，少以为众，乱以为治”。春秋战国时期，反间计是各国作战的常用之计，墨子也充分认识到谣言必将扰乱军心打击士气，因此“誉敌以恐众心者，戮”。众所周知，墨子战术的核心思想是以守为攻。而守，是为了消耗敌人的兵力与士气，待敌军“强弩之末势不能穿鲁缟”时，再一鼓作气直捣黄龙。这也是瓦解敌军士气的方法。

四　攻心之术，止楚攻宋

实际上，上面提到的几点都可以说是“心理战术”，都是墨子的心理学思想在用兵过程中的运用。墨子虽然没有明确提出军事心理学，也没有详细阐述军事心理学在军事行为中的应用，但墨子意识到特定行为或特定环境对军心士气的影响，而主张通过赏罚等方式以影响士兵的情绪和意志，从而调动整个军队的积极性与能动性，在其将帅选材、治军、防御、作战过程中，都蕴藏有相当丰富的军事心理思想。古人云：“攻城易，攻心难！”军事心理学不仅是理论上的知识，而且是实际上的应用。墨子之为军事心理学家，不仅是因为他懂得理论，更是因为他了解实际。[1]“墨子止楚攻宋”的故事就是“攻心之术”的典型。“不战而胜”的关键就在于“以威慑之”，以“演兵”的形式，运用军事力量的展现使敌军产生压力而“不战而败”。李绍崑先生在《中国的心理学界》中就有详细分析，墨子作为一个军事心理学家，在“止楚攻宋”前所做的种种部署。

陈雪良先生曾这样评价墨子的军事成就，他说：“《墨子》中守御各篇，是中国古代讨论积极防御的经典之作。”墨子的军事成就很多，但其主张和平的“非攻”军事思想对后代军事产生了重要的影响。当代墨学专家张知寒教授也给予《墨子》高度的肯定，认为它“与主要研究大国进攻规律的《孙子兵法》，恰成我国古代军事史上的‘双子星座’，二者相辅相成，互为补充，是同样重要的军事‘经典’”[2]。

第八节　墨子的认识论

心理学与认识论有什么关系？我们先来了解瑞士一个著名的心理学家——发生认识论的创始人让·皮亚杰（Jean Piaget，1896—1980）。皮亚杰心理学的理论核心是“发生认识论”，主要研究人类的认识（认知、智力、思维、心理的发生和结构）。他认为，心理学作为认识发展的胚胎学，不仅为揭示认识发展的机制，而且为阐明科学范畴的起源和发展提供了一把钥匙。皮亚杰的这些思想，对于深化认识论的研究，有着

① 李绍崑：《中国的心理学界》，商务印书馆 2007 年版。

② 张知寒主编：《墨子研究论丛》（三），山东大学出版社 1995 年版。

积极的意义。

心理学在科学体系中占据一种核心的地位。皮亚杰认为，在所有与认识论相联系的人类科学中，心理学具有特别重要的意义，“对认识的心理发生的研究是进行认识论分析的一个不可缺少的部分”①。

“如果说逻辑学、数学或物理学的研究方法和理论结构并不依赖于心理学，那么它们在自己的认识论上则要依靠心理学，因为所有这些科学都是主体或机体对于客体的局部的或一般的活动的结果，而心理学正是依靠生物学来解释这些作用的。所以心理学占据中心地位，不仅因为它是所有其他科学的产物，而且因为它是解释这些科学的形成和发展的可能源泉。”②

可见，作为研究主体和主体活动的心理学，对于理解人类认识进化的实质和机制，具有十分突出的作用。

墨子是春秋战国之际的一位非常重要的思想家，墨子思想体系的建构及其对物质世界的探索都源于其认识论。研究墨子的认识论能促进哲学理性思维的发展，激起人类认识自然的无畏勇气。沈有鼎说：“由《墨经》所包含的自然科学知识看来，可以知道《墨经》的认识论大大推动了人们对自然界的研究，它是中国古代唯物论的光辉照人的灯塔。”

一 名实关系之辩

对于近代认识论来说，“思维与存在”的关系问题占据着

① ［瑞士］皮亚杰：《发生认识论原理》，王宪钿等译，胡世襄等校，商务印书馆 1981 年版，第 14—15 页。

② 同上书，第 91—92 页。

特殊的地位。黑格尔指出："近代哲学的原则并不是纯朴的思维，而是面对着思维与自然的对立。"① 恩格斯更进一步强调："全部哲学，特别是近代哲学的重大的基本问题，是思维和存在的关系问题。"②

"思维与存在"的关系问题包括两个基本方面，"思维"与"存在"何者为"本源"，何者具有"第一性"？反映在名实关系上，究竟名为先，还是实为先？这个问题在先秦时代是作为知识论问题提出来的，当时孔子有"正名"一说，就是用既定的名称概念去制约、规范客观现实，视"名"为第一性，"实"为第二性，把知识论引向了先验主义。

> 瞽不知白黑者，非以其名，以其取也。（《墨子·贵义》）

而墨子则常引"盲人辨色"的例子，说盲人虽能用语言表示"皑是白的，黔是黑的"，但在黑白混合的现实情况下却无法分辨，所以盲人不知黑白，"非以其名，以其取也"这一观点内在地包含着"取实予名"的思想。

> 诸圣人所先，为人欲名实。名实不必名。（《墨子·大取》）

这是说，先急之务是考核名实，但实不必名而存在。必先

① ［德］黑格尔：《哲学史讲演录》第4卷，贺麟、王太庆译，商务印书馆1978年版，第7页。

② 《马克思恩格斯选集》第四卷，人民出版社2012年版，第229页。

有其实，而后有其名。这就是肯定了“存在”为第一性，“思维”为第二性。针对孔子的“正名”说，墨子直接否认其先验主义的立论根据，主张“以名举实”，认为“实不必名”，从而确立了知识论上的朴素唯物主义立场。而针对孔子的“唯心主义”，墨子又提出坚白在于石的“盈坚白论”：

> 苟是石也白，败是石也，尽与白同。（《墨子·大取》）

这是说，如果这块石头是白的，那么就算将石头毁成碎片，都是一样的白。

《墨经》说：

> 坚白，不相外也。（《墨子·经上》）
> 坚白之撄相尽。（《墨子·经说上》）

又说：

> 无坚得白，必相盈也。（《墨子·经说下》）

“撄”，相得之谓；“相尽”，即相容，肯定了坚白相得相容。这是说，坚与白同属于一块石头，不能外于石头独立存在。也就是说，坚白是石头所固有的，并不是依赖于人的感觉而存在的，无论我们是否感知，石头一样都是坚白的。“盈”，充盈之谓，这是强调坚白二属性是共同存在于石头之中，既相因又相联系，二者是辩证统一存在的。

墨子反驳客观唯心论者，又说：

于一，有知焉，有不知焉，说在存。（《墨子·经下》）

于石，一也；坚、白二也，而在石。故有智焉，有不智焉，可。（《墨子·经说下》）

这是说，石头是一个有着坚与白两种属性共同存在的物体，所以当人们抚着石头的时候就只知道石头的“坚”而不知道“白”，而看着石头的时候则只知道“白”而不能感觉到“坚”。这就是说，当人们仅用一种感官以感知某一物体的属性时，得到的认识是片面的，就会造成有所知，有所不知。

我们可以得出一个结论，在“名”与“实”的关系之辩上，墨子是唯物论的拥护者，他认为“实”是客观存在，“名”则是“实”的反映，“实先于名”而“以名举实”，意识是来源于客观存在的，是物质的反映。

二　认识的起源与本质

在谈到墨子的认知心理思想时，我们对“认知的过程”进行了探讨，将认识的起源与认知心理学进行比较，则发现墨子的认知心理学更侧重于探析人性、睡眠与梦、思维与语言等心理状态。而本节侧重于从认识论的角度来说明认识的起源，“人生而有知材，有思虑，故知物而能貌，论物而著明”，探析从感性认识到理性认识的认知过程。

知，材也。平，同高也。虑，求也。同长，以正相尽也。知，接也。中，同长也。恕，明也。（《墨子·经上》）

体：若二之一，尺之端也。知，材：知也者，所以知也，而必知，若明。虑：虑也者，以其知有求也，而不必得之，若睨。知：知也者，以其知过物而能貌之，若见。恕：恕也者，以其知论物，而其知之也著，若明。（《墨子·经说上》）

“知”是指感官的知觉能力，能起反映客观事实的作用；“虑”是指心官的思维能力，这阐明认识是主观与客观的统一，主观智能与客观事实相结合才能产生认识。而接知是由感觉而知觉，感官与外界事物的接触反映称“接知”，即感性认识。而“恕”的过程则是“由知材而有接知，由心思虑而又推度”的过程，即由感性认识上升理性认识的阶段。在上一段文字中，墨子阐述了认知的生理基础和认知的过程。在墨子的基础心理学思想中，我们对墨子的知虑心理思想已作探析，在此不再赘述。詹剑峰在研究墨子的认识论中，对这段文字也作了详细的分析探讨，他认为这段经文包含着认识的形成内容：“认识是人脑对客观事物的反映。在认识的形成中包含着三项：一是人的认识能力；二是客观的事物；三是客观事物在人的认识中所反映的形式，从感觉、知觉和观念到概念、判断和推理皆是也。”①

墨子是一个理智的经验主义者，他以理智的经验主义反对儒家的情感先验主义，成为中国哲学史上第一位经验主义的哲学家。不少学者认为这是墨子哲学思想的一个缺陷，有的学者曾这样评论墨子的经验主义：“墨子的认识论是有缺点的。过于强调经验，过于强调耳目之实，认为看得见的，听得到的，摸得着的，才是实在的，否则就是不实在的，把认识局限于见闻。

① 詹剑峰：《墨子及墨家研究》，华中师范大学出版社 2007 年版。

而且有时又把人们习惯的成见、错觉和幻觉当作实在的东西。”①

我们先来分析墨子的所谓的“经验主义”：

墨子说：

> 知而不以五路，说在久。（《墨子·经下》）
>
> 智以目见；而目以火见，而火不见。惟以五路智久不当。以目见，若以火见火，谓火热也，非以火之热。（《墨子·经说下》）

鲁大东解释说：“五路”者，谓五官也。人之知识必由五官之感觉而后得之。时间既久，感觉已频，于是习为经验而记忆之；此时虽其五官未接，亦可明识于心矣。

“五路”即五官，人要认识事物必须通过形体的“五路”，即耳、目、口、鼻、肤，而后进入人脑。墨子以“目以火见”为例，证明“惟以五路知”的观点，而时间则只能由人们经验所积累的古、今、旦、暮而知。

但是，墨子对经验主义的忠诚并未妨碍他信奉理性主义。墨子的认识论虽然重视经验，但并不忽视心的辨察作用，墨子认为心的辨察作用在认识过程中是非常重要的。理性主义未妨碍他信奉经验主义，而是阻止他的经验主义倾向走向先验主义或超验主义的极端。

> 言，口之利也。始，当时也。执所言而意得见，心之辩也。（《墨子·经上》）

① 詹剑峰：《墨子及墨家研究》，华中师范大学出版社 2007 年版。

这是说，言外之意，需要心的明辨。就是说，要通过心智的审察和辨别，充分发挥理性思维的作用，对耳目闻见之知不能仅仅停留于感觉的层次，还应该挖掘其背后的深刻内涵与理性认识。这种“理性主义”，也突破和克服了墨子以往经验论基础上的认识论的局限性。因此我们可以说，墨子是理性经验主义者。

三　论认识的来源和内容

关于求知的途径，墨家将其区分为三种。

墨子说：

知，闻、说、亲。（《墨子·经上》）

知：传受之，闻也；方不障，说也；身观焉，亲也。（《墨子·经说上》）

即“闻知”“说知”“亲知”，这是知识获得的三种来源。“闻知”是通过传闻传授得来的知识。“说知”是由推理而来。“亲知”则是从实践中得来。

“闻知”，应当属于间接认识。《经说上》又将其分为两类：

闻：或告之，传也；身观焉，亲也。

就是说，“闻知”还可以分为“传闻”，即由别人转述传授的；还有一类是“亲闻”，就是自己亲自所闻而获得的知识。“亲闻”则是以“亲知”为前提，强调亲闻对闻知的重要性和可靠性。

墨家极其重视“亲知”的作用，非常强调“以行为本”。

墨子认为，以身观、亲见所得的知识是可靠的。就认知的过程来说，亲知往往是最早发生的，是构成闻知、说知的基础。亲知，往往以“五路”为基本环节，这就属于直接经验、直接知识的范畴。

> 说，所以明也。（《墨子·经上》）
> 方不障，说也。（《墨子·经说上》）

方，谓方域，这是说，不受地域的局限和障碍。所以说，说，是由推论而获新知。“说知”超越时空限制，“由推论而得之智识”，即在感性认识的基础上，运用思维而获得的理性认识，应当也属于间接知识。但其科学性远大于“闻知”。墨子认为，人们可由已知作为前提推度未知，不能由未知怀疑所已知。可见《墨经》已把可知论贯彻到整个认识领域，旗帜鲜明地反对不可知论。

按照求知的途径来划分，闻知、说知、亲知固然是一种可行的方法，而墨子还从另一个角度将其分为：

> 知，闻、说、亲，名、实、合、为。（《墨子·经上》）

墨子还根据知识内容的差异对知识进行分类，分为“名知”“实知”“合知”“为知”。名知，即根据事物的名称和概念而获得的知识，就是从事物的概念去认识它的属性和特征。实知，则是亲知实践体验而获得的知识，更具有直接性和可靠性。“合知”，按照《经说上》的解释，是指“名实耦”，即名实相合。而为知，则是关于行为、实践，是在有计划有目的的意志、动机引导下的结果。即在主观意志的引导作用下，通过实践认识客观事物，犹如今天所说的“实践之知”，是认识的一个高级阶段。

四　“三表”的认识检验论

凡出言谈、由文学之为道也，则不可而不先立义法。（《墨子·非命中》）

这是说，发表言谈，从事文学创作的原则，必须要先立一个标准。墨子以陶盘为例说明“立仪”的必要性：

言而毋仪，譬犹运钧之上而立朝夕者也，是非利害之辨，不可得而明知也。（《墨子·非命上》）

这是说，如果没有确定的标准，就好比在转动的陶盘上置放测时的仪器，无法达到辨别是非真伪的目的。可见，“言必立仪”的目的是“察是非利害之辨”。

墨子第一个明确提出，人的认识或言论正确需要一个客观标准来判断。

墨子说：

辩，争彼也。辩胜，当也。（《墨子·经上》）

辩：或谓之牛，谓之非牛，是争彼也，是不俱当。不俱当，必或不当，不若当犬。（《墨子·经说上》）

“辩”就是“争彼”，就是关于以同一事物的两个矛盾命题的是非之争。这是牛，还是非牛，争论的结果必有一方不正确，一方正确。辩论的胜利者，因其认识“当”，即符合事实，从而掌握了真理。

那么，应该怎样判定认识是否符合事实呢？这个检验的客观标准又是什么呢？于是墨子提出“三表”：

> 何谓三表？子墨子言曰：“有本之者，有原之者，有用之者。于何本之？上本之于古者圣王之事。于何原之？下原察百姓耳目之实。于何用之？废以为刑政，观其中国家百姓人民之利。”（《墨子·非命上》）

这是说，“三表”的标准要看其依据来自何处，看其推究根据什么，看其使用效果如何。那么依据来自哪里呢？应该来自于古代圣王的事迹。推究从哪里着手？应该根据百姓的反应。使用的效果如何判断呢？应当把这种言说应用于国家的政令政策和法度中，看是否能对国家百姓有利。这就是所说的言论应该有“三个标准。”

墨子的“三表法”，应当拆开来称为“三表”或者“三法”，法是模或范，如同方圆之规与矩。表或法在这里都是原则、标准的意思，联系起来就是三个判断的标准或原则。就是说，这三表是言谈（理论或观点）所必须遵循的法度，是衡量言谈是非利害的标准。下面依体例，将此三个标准依次展开。

第一个标准说的是“言必有据”，这个依据就是“古者圣王之事”。墨子认为，治理国政的历史经验可以衡量言论的是非真伪。从认识论讲，也就是吸收前人的间接知识，补充或者是证明自身的直接知识。但读者切莫以为墨子是纯粹盲目地仿古崇古，而是告诉我们，立论言谈应当立于历史之上，以历史的知识和经验作为立论的根据。虽然难以排除经验主义“信古泥古”的局限性，但于墨子的时代，重视历史，以古为鉴，就是古代学者获取知识的重要手段，墨子充分认识并利用这一点，使认识的进程不仅有了延续性并且速度大为提高。

第二个标准是“言必据实”即“下原察百姓耳目之实”。这是指考察广大群众耳目闻见的直接知识，是衡量是非真伪的重要标准。墨子认为，立论言谈不仅仅要以史为鉴，以书为鉴，还应依据广大群众的经验从实际出发。

第三表是“言必有利”，即“发以为刑政，观其中国家百姓人民之利”。这是说，要把理论主张放到社会实践中去，看它是否符合国家、百姓和社会整体的利益。这个标准与我们现代提倡的“实践是检验真理的唯一标准”有异曲同工之妙。墨子主张从实际应用的功效来判断立论言辞是否与实际相符。这已涉及认识论上的实践标准，体现了古代认识论上的一种进步。

由此可见，墨子是朴素的唯物论者，其认识论难以摆脱经验论的局限，汉代王充就在《论衡》中对此有所批评：

> 墨议不以心而原物，苟信闻见，则虽效验章明，犹为失实。①

但是于墨子的时代，能提出立言之法从实际出发，又以实用为检验的标准，非常具有进步意义。詹剑峰在分析墨子的认识论时，充分肯定了墨子认识论的奠基作用：“值得注意的，

① 高苏恒：《论衡》，商务印书馆 1947 年版，第 118 页。

还是第二表‘下原察百姓耳目之实’那种眼睛向下的精神。试看墨子自著的《经》包括各门科学，如几何、力学、光学等，一定是墨子接近人民群众，把古代劳动人民的实践吸收过来加以总结，才能取得这样的成果，这种精神是极其宝贵的。试看中国古代知识分子著书立说，有几个不是从书本到书本呢?”①

而墨子则不然，他重视书本也重视理论，以至于发现了直到今天仍有意义的理论概括。

第九节 结语

中国古代虽然没有“心理”和“心理学”的专业术语，但中国却是世界心理学最重要、最古老的发源地之一，美国心理学家加德纳·墨菲曾指出：“世界心理学的第一个故乡是中国。”何出此言？过去不少人认为心理学是“舶来品”，而不知道中国却是世界心理学最重要、最古老的发源地之一。其实许多古代思想家有关哲学、伦理、教育、医学、军事、文艺等方面的论著中，都蕴含着丰富的心理学思想，涉及普通心理、生理心理、社会心理、教育心理、文艺心理、军事心理等诸多心理学领域。因此，墨菲与柯瓦奇（J. Kovach）合著的《近代心理学历史导引》中的“系统心理学的渊源”一节中提到，西方心理学发源于希腊世界，同时承认“几乎在同一时期，中国的孔子和老子开始从心理学的角度思考问题”，明确肯定了中国是世界心理学思想的重要源头。② 但长期以来，对于中

① 詹剑峰：《墨子及墨家研究》，华中师范大学出版社 2007 年版。

② 杨鑫辉主编：《心理学通史》，山东教育出版社 2000 年版，第 3 页。

国心理学史，却很少有人问津。来自中美精神心理研究所的丁负郭先生，长期从心理学的角度研究墨子思想，他指出当前我国的心理学研究，很注重国外的研究成果，却忽视了国内传统心理学方面的研究。

我国是具有五千年悠久历史和灿烂文化的国家。在浩如烟海典籍中，蕴藏着非常丰富的心理学思想，《墨经》便是其中之一。本章介绍的墨子关于知虑、情欲、意志等普通心理学思想和教育、治军等应用心理学思想，均是以《墨经》一书中体现的丰富而独具特色的心理学思想进行思考的。继往是为了开来，墨子的心理思想，需要我们挖掘、整理与宣扬，这对于当代中国的心理学发展也是具有时代价值的。

中国历代文人对墨子的评价褒贬不一，其中高度赞赏居多，这大概与墨学复兴有关。中国作为心理学思想的开山鼻祖，在提倡研究本土心理学的今天，墨子的心理学思想更加具有研究意义。

第六章　墨子科技思想在当代的意义

墨子关于光学的研究，“比我们所知的希腊的为早”，“印度亦不能比拟”；在自然哲学方面，墨子注重探求原因，把握本质、规律，其提出的精辟见解，创造性思维的深度和理论是中国传统科技思想的宝贵资源，也是世界科技发展的重要源流之一。

——李约瑟

第一节　引言

在中外历史上，不少长期失传的科学著作失而复得，例如《墨经》，萨顿曾经颇为感慨地说过：“然而令人震惊的并不是遗失之多，而是它竟有如此之多逃脱了时代的变迁，流传到我们手中。”① 在儒道互补格局的主流中，墨学的文化价值在中国历史上长期被湮没，直到清代孙诒让《墨子间诂》出版后才真正为世人所知，这本书可以说是两千年来研究墨学的总

① ［美］萨顿：《科学的历史研究》，刘兵、王玉生、黄端平编译，科学出版社 1990 年版，第 52 页。

结，梁启超评论此书时说："盖自此书出，然后《墨子》人人可读。现代墨学复活，全由此书导之。"① 在中国这个古老的国度里，对儒家经典的学习、对功名的追求长盛不衰，科学长期没有得到足够的重视。因而在中国古代的主流意识中，科技处于被排斥的地位，研究科技只被作为官方的需要。尽管如此，中国的传统科学曾一度遥遥领先于世界，明朝末期利玛窦刚来到中国时就对中国古代的医学、天文学、数学等科学成就给予了高度赞扬，但他很快就发现了中国的科学方法缺少西方那种严密的逻辑推理和数学方法，并声称自己用新奇的欧洲科学震惊了中国哲学界。

西方近代以来，科技昌明，其强势的科技文化思潮于明清之际涌入中国社会后，开启了中西百年文化之争，也导致了中国思想界意识的危机。正如林毓生所言："20 世纪中国思想史最显著的特征之一，是对中国传统文化遗产坚决地全盘否定的态度的出现与持续。"② 中国传统文化土壤中没有孕育出近代自然科学，这是一个公认的事实，但我们并不能由此否定传统文化中优秀的科学文化。中国古代伟大科学成就的存在有其合理性，蒋梦麟先生指出："中国道德观念本诸自然，基督教本诸神权；在中国人看来，神只是大自然的一部分……科学与中国的道德观念之间的矛盾却比较缓和，因为二者的出发点都是大自然，所不同的只是发展方面。"③ 可以说，无论儒家还是道家其理论都有科学或者适合科学发展的因素，如道家的"道法自然"，儒家的尊重知识和实用主义态度。

---

① 梁启超：《中国近三百年学术史》，东方出版社 2004 年版，第 255 页。

② 林毓生：《中国意识的危机——五四时期激烈的反传统主义》，穆善培译，贵州人民出版社 1986 年版，第 2 页。

③ 蒋梦麟：《西潮 · 新潮》，岳麓书社 2000 年版，第 251—252 页。

与儒道两家相比，墨家的思想理论更适合科学文化的发展。墨子作为“百科全书”式的学者，充分体现了劳动人民的伟大智慧，特别是其重视实践的品质和关注自然、重视知识、崇尚理性的科学精神，其深刻的自然哲学思维、朴素的唯物论、辩证的逻辑理论等可谓独树一帜并在先秦时期形成一个科技发展的高峰。墨子在科技思想史上的作用和贡献，诚如中科院朱森元院士所言：如果孔子是人文科学的代表，那么墨子就是自然科学的代表。2007 年 9 月 25 日，由多个国家和地区在滕州举行的“墨子小孔成像国际摄影学术研讨会”，确立了墨子是世界摄影光学之父、滕州是“世界摄影光学最早的发源地”的地位。

凡有价值之思想理论，不仅在当时发挥一定影响力，也应当能对今日的问题提供借鉴之效。墨子的科技思想就是这样，它既有理论意义还有实用之效，为中西汇通提供理论的契合点，也为当今促进科技进步、可持续发展、复兴中国传统文化的精髓提供实际的借鉴意义。

第二节　墨子科技思想的价值取向与方法

先秦文化奠定了中国传统文化的基调，墨子的科学成就在中西汇通的近现代再次被赋予了新的价值。墨子被视为“东方的亚里士多德”，他在科学史上所做出的贡献是划时代的。墨子作为中国历史上第一位崇尚科学技术的学派首领，其科学成就是东方科学文明发展历程中的一颗璀璨明珠，其丰富的科技思想、从事的科学活动并不逊色于西方的亚里士多德。

墨子的科学成就之所以伟大，是因为他不仅有许多技术实践并且在实践的基础上形成了科学的理论，他善于学习、吸收先秦时代科技文化的伟大成就，并在与日常生活、生产的国计民生相关的实践中逐渐形成了堪称科学方法的一整套完整的理论。墨子在实践中对逻辑学、自然哲学、光学、力学、数学、心理学等诸多方面深入研究，提出了许多堪与古希腊逻辑学、数学、几何学、物理学相媲美的基本概念和原理。如《墨经》中提出的“摹略万物之然”的实证原则、“所若而然”的方法论思想和“巧传则求其故”的理论意识；墨子思想中的思辨性在其研究科技的过程中有着重要的指导作用，并使其从中国思想史中的大多数学派鲜明地分离出来，形成自己的特色；由于墨子的实践和对应用的独特兴趣，其逻辑学更多地思索具体问题，而不像希腊人更重视抽象的形式，于是墨子逻辑学的形态更多地体现为辩证逻辑而不是形式逻辑。在光学史上，墨子是第一个进行光学实验并对几何光学进行系统研究的科学家。李约瑟在《中国科学技术史》物理卷中指出，墨子关于光学的研究，“比我们所知的希腊的为早”，“印度亦不能比拟”；在自然哲学方面，墨子注重探求原因，把握本质、规律，其提出的精辟见解，创造性思维的深度和理论是中国传统科技思想的宝贵资源，也是世界科技发展的重要源流之一。

《墨经》作为中国古代微型的百科全书，以浓缩形式表现了与古希腊自然哲学家相似的哲理。《墨经》的科学思想，是科学知识的灵魂和建构标准，是科学知识客观性、科学方法有效性、科学理论实践性的支柱。

关于墨子思想体系的核心历来争议较多，如“天、鬼”中心说，“兼爱”中心说，“义”中心说。[①] 本书认为，墨子

① 崔清田：《墨子学说的体系与核心》，载王裕安主编《墨子研究论丛》（五），齐鲁书社 2001 年版，第 6—15 页。

及其后学的科技思想以及科技实践是从属于“义”这一核心的。墨子的科学研究和实践都是围绕“义”这一核心来进行的。其努力的趋向就是为了实现“义”这一功利性的目标。因此墨子科技思想也表现为一种“道技统一”的科学技术观，墨家科技思想的核心是“为天下兴利除害”，这是墨家科技思想的出发点，也是墨家科技思想的落脚点。墨子之所以注重“义”，与当时的社会背景以及墨子自身的实践是分不开的。在春秋战国这样一个政治、军事大动乱，经济社会大变革的年代，频繁的战争使广大劳动群众处于水深火热之中；再者，士农工商阶层的逐渐形成，使得小生产者处于被压迫的地位；这种情况引起了墨子的极大的同情，促使他站在社会进步的整体性上思考问题。在墨子看来，无论是战争还是违背人民利益的事情都是“不义”的，为了追求“义”，墨子身体力行积极为庶民造福，创立学说为百姓服务，这种思想实质就是他对全人类的大爱或兼爱。

由于墨子生活在社会大变革的时代，其生活的环境科学文化氛围浓郁，交通信息发达，并且墨子毕生追求以“义”来衡量事物是否符合广大人民的根本利益，这就使其科技思想呈现出鲜明的时代特点。概而言之，墨家的主要科技思想特点可以概括为：其一，墨家的科技思想以服务于其学说为主要宗旨。无论是其社会、政治、经济主张还是“非攻”的积极战争观，均与其科技思想有深刻的渊源。墨家研究科技虽然不乏纯粹的好奇心，但更多的是为其实现和平、变革社会政治、发展生产的宗旨而服务的。其二，墨家科技思想的产生和发展是由墨家集团从事工艺的能工巧匠的性质决定的。这个集团的生存及其日常活动，不仅离不开他们对技艺的应用和认识，而且还促使他们不断地改进技艺，使技艺升华为科学，从而使理论来源于实践，又在实践活动中不断得到丰富和发展。其三，墨子科技思想包含了丰富的科技教育思想，墨子科技教育的目的首先是为了培养“兼士”，使人们掌握丰富的知识技能；其次是为了使培养出来的人才能够制造和生产各种生产工具，既服务于社会生产，又使国家有防御外来侵略的能力，确保国家的安定局面。科技教育思想体现了墨家为国家、为人民利益服务的社会价值观。

墨子取得的科学成就不仅体现在实践的创造发明和理论成果上，其在研究过程中所运用的方法也是中国科技史上的一大瑰宝。尽管墨子在技术领域取得了令人瞩目的创造发明，但这些大都湮没于岁月的烟尘中。值得庆幸的是，在这些实践发明中总结出来的理论成果和在实践过程中运用的方法在近代墨学复兴后再次被人们重新认识。中国以人文文化为主导的传统形成了根深蒂固的人文思维，它强调主观性、解释性、直觉性、感性、情感性等，因而导致了逻辑思维的缺乏和理性上的内在联系，科学思维强调客观性、实证性、逻辑性、理性、认知性等。而墨子运用的科学方法可谓两者兼之，即人文思维和科学思维的综合体。如墨子运用的经验方法被一些学者认为是中国经验主义的开端，胡适指出，“墨翟关于直接观察的理论虽然是粗糙的，却标志着中国经验主义的开端”①。

虽然墨子注重经验方法，但并没有因此忽视实验、逻辑等方法。如墨子的许多发明创造都是多次实验的产物。此外，墨子还经常运用理想实验方法，这是以一定的逻辑法则为根据的，这也有利于墨子辩证逻辑方法的形成。由上述分析可知，墨子的科技成就是多方面的，这是一笔宝贵的文化遗产。

① 胡适：《先秦名学史》，安徽教育出版社 1999 年版，第 103 页。

第三节　墨子科技思想与近代科学发展的文化意义

先秦时期，墨学虽然曾一时成为显学却没能发展为中国的主流文化，尽管魏晋时期墨学曾一度受到关注，尔后却再次陷入沉寂，直到近代中国遭遇了“三千年未有之大变局”，作为官方哲学的宋明理学遭遇了前所未有的挑战危机，墨学再一次显示了它的价值。华夏文化在几千年里尽管在不断遭受异族文化的冲击，但在明清以前这种天朝大国的地位从未动摇，如今固有之传统再也无法应对西学这一强烈的冲击，在这样的背景下，不少知识分子主张习西学译西书，调和中西文化；有的知识分子固守文化本位观念，把传统的一切奉为至宝；还有的文人主张全盘西化。这是一场文化的大争论，中国未来的发展道路应该选择哪种模式？这是一个具有恒久意义的命题。在湮灭了2000年之后，墨学重新成为20世纪中国思想史上的“显学”之一，这种现象本身说明了社会对墨子的理论与主张的巨大需要。因此，研究墨子的科技思想能给我们提供解决这一命题的有益启示。

“文化研究的第一意义，是发现社会中的那种非历史性的东西，即那种作为一种内在传统超越于历史变化之上的东西。这种东西，有的文化学者称之为‘文化模式’（Culture Pattern）。”① 但世界不同的文化模式有不同的特质，所以并不是任何一种文化模式都有利于发展科学文化，正如有的学者指出的：“在印度文化中，分析和实证的因素就很少。因此，印度

---

① 何新：《危机与反思年（上）》，国际文化出版社1997年版，第20页。

文化中的科学技术的因素就较少。”①

近代以来的民族危机使中国知识分子不得不向西方寻求救国救民的道路，其中科学技术成为强有力的武器，在西学的强烈冲击下，传统文化存在的合理性遭到了质疑。这时不少有识之士从墨学中挖掘出了其丰富的科学文化，这虽然与中国传统主流文化中所蕴含的科技因素有所区别，但也有千丝万缕的联系。黄遵宪认为：“泰西之学，其源流皆出于墨子。其谓人人有自主权利，则墨子之尚同也；其谓爱汝邻如已，则墨子之兼爱也；其谓独尊上帝，保汝灵魂，则墨子之尊天明鬼。至于机器之精，攻守之能，则墨子备攻奋突，削鸢能飞之绪余也。而格致之学，无不引其端于《墨子·经》上下篇。”② 如墨家注重手工实践，而儒道两家则重道义轻技艺；墨家重逻辑思维，道家却拒绝理性思维；还必须指出的是儒道墨三家对辩证整体思维的把握、对实用性的追求是相通的；道家的“道法自然”与墨家对自然孜孜不倦地探寻的科学精神是一致的。这说明传统文化中也有适宜科学发展的土壤，虽然墨家的科技思想在封建社会被湮没，但无论儒家还是道家，其理论都有科学或者适合科学发展的因素，这也是中国古代能取得如此辉煌的科技成就的原因之一。

对传统的眷恋是近代中国知识分子无法摆脱的一个情结，而对传统的否定却成为中国近代化进程中的主流意识，传统与现代似乎是相对立的。其实不然，一种有活力的文化一定会表现出“善变”的特征，因为不断流变的现实总会提出挑战，汤因比曾指出文明起源于“挑战与应战”。近代以来中国学习

① 林振武：《中国传统科学方法论探究》，科学出版社 2009 年版，第 26 页。

② 李京文、郑家亨、张卓元、晓亮主编：《中国经济科学年鉴 1993 年》，中国统计出版社 1993 年版，第 141 页。

西方文化经历了一个从排斥到接受的过程，这一转变除了现实的外在因素以外，我们还应该注意其内部的文化基因。当中国传统文化面临西学的挑战时，墨子的科技思想为应对外来挑战提供了强有力的支柱。墨学兴起后，不少学者发现其蕴含的许多科技思想与西方某些科学知识有异曲同工之妙，乃至有的学者提出西学墨源说。尽管这缺乏足够的证据，但这种现象一定程度上表明了墨子的科技思想与近代科学本质上的相通。墨子的科技思想立足于传统，却又超越了历史的变化，为中国文化与西方科学的嫁接提供了一个突破口。这说明了即使中国传统的主流文化没有孕育出近代科学，但并不代表那些曾经被历史忽视的传统文化失去了发展近代科学的价值，正如胡适指出的："非儒学派的恢复是绝对需要的，因为在这些学派中可望找到移植西方哲学和科学最佳成果的合适土壤。"中华传统的科技文化有其特殊的当代价值，传统不一定会拖累民族发展的脚步，关键在于能否正确运用这些优秀的文化成果。对墨子科技思想研究的兴盛表明社会需要墨子学说的理论，中华民族的伟大复兴离不开对优秀传统文化的继承，传统是一个民族的特色，是一个民族安身立命之根本。传统的道德宇宙可以保持安定，现代文化的理智宇宙可以促成进步，问题在于我们能否觅得中庸之道。在今天，中西文化之融合已成大潮，我们必须以新的环境重新选择并发展适合本土的文化。

第四节　墨子科技思想的跨越性

一　墨子发展科技的指导思想

研究墨子的科技思想从中可窥见其与当代许多科学思想、

概念、定义等非常接近，但其指导思想却大相径庭。墨子及其后学的科技思想以及科技实践是从属于“义”这一核心的，墨子毕生追求为庶民造福，以是否符合百姓的利益为发展科技的衡量标准，这一指导思想包含了以人为本、天人和谐的主张。但科学是一把双刃剑，近代科学的快速发展所带来的物质享受使科学功利主义成为一股强大的思潮。科学技术在近代以来的发展使人类生产力得到空前的提高，极大地满足了人类的物质需要，同时对经济的发展以及抵御自然灾害能力的提高都做出了巨大的贡献。但是由于科学功利主义的盛行导致了对科技的滥用，对自然不合理的征服超出了地球的承受能力，以致人祸引起天灾，天灾再导致人祸，这样无休止的循环。如何消解科学功利主义，如何真正做到科学发展中的以人为本，如何正确运用科学的实用性，如何促进科学的可持续发展已经成为当今时代的议题。因此，研究墨子的科技思想不仅能窥见其优秀的科技思想与当今科技成就的接轨，其发展科技的指导精神还能给我们提供一个可资参考的标准。

墨家成员的大部分都是社会下层的能工巧匠，由于他们参加实际生产劳动可以接触到多种多样的问题，也能获得丰富的实践经验，《墨经》中关于自然科学的内容，大部分涉及当时手工业生产实践中的一些领域，体现了直接经验具有科学的实用性。他们的科学认识活动的出发点是实际生活，实际生产，《墨经》把科学认识活动和生产实践结合起来，取得了较高的科学成就。《墨经》中关于数学特别是几何学方面的许多理论和定义，与同时代的古希腊数学家欧几里德所著《几何原本》相符合，例如，直线的性质，直线和圆的关系，整体和部分的关系，同时也发现阿基米德公理比《墨经》的认识晚。“集合论”是在19世纪后期由西方人康托尔发现的，但《墨经》中早就有集合论的概念。

《墨经》中阐明的科学知识、物理学的基本概念，有些和现代物理学的内容非常接近。《墨经》中的“弹性力学”假说，在今天看来仍然有重要的参考价值。我们应注意《墨经》对“力”的认识。“力，形之所奋也。”就是说“力”是物体运动状态变化的原因。他认为“运动”就是物体位置的变化，“静止”就是物体停止的一定时间，还论证了运动、时间和空间三者的相互关系。16 世纪以前，西方的许多科学家认为“力”是物体运动的原因，因为他们没有发现物体之惯性，不懂得“力”是改变物体运动状态的原因，直到 17 世纪英国大科学家牛顿发现了物体运动的三定律和万有引力定律之后，对“力”的作用才有了明确的认识。而两千多年以前的《墨经》中“力”的概念和牛顿的科学理论非常接近，《墨经》中论述的力学是中华民族可贵的物理学成就。

春秋战国时期，墨家通过实验明确地阐述了光学理论，由简单到复杂，从影的分析到像的分析。这对现代的我们来说，是可以通过学习得到的一般常识，但是，由于墨子所处时代，在当时实验技术条件比较差的情况下，能够得出这样正确的科学结论是非常需要探索精神的。《墨经》中研究物影变化的规则，从物体的各种不同位置情况和距离远近的不同来进一步考察像的变化原理，这是最原始的观察实验方法。每次观察实验时，墨家常常固定几种其他因素不变，而只改变其中一种因素来观察结果的变化。这种方法非常实用，引起了人们的重视。

墨家的科学认识活动具有实践特点，这是与当时铜镜的制作及简单机械使用和他们的力学和光学的研究密切相关的。墨家分析了获得知识的不同途径，同时认为“亲知”是最可靠的，这就强调人们要亲自去体验获得知识。感观是通向外部世界的窗口，没有感观就不能进行科学活动，这也是人类在科学技术不发达的社会运用感官获得科学知识的重要手段之一。但是，我们的感观本身具有一定的局限性，墨家注重调动各种认识手段来克服这种局限性。在这些科学认识过程中，墨家取得了几何学、力学、光学等多方面的伟大成就。

墨家追求“国家人民百姓之利”，富于牺牲精神，在科学技术方面有较高的成就。我们今天建设中国特色社会主义，在深入结合现代实际，发扬创造性思维的同时，研读墨家的科技思想，可以从中得到有益的启发。在自然科学和技术上，墨家都有精彩的概括，这使墨家成为先秦诸子百家中最富有科学精神、最注重科学方法的一家，在当代科技领域中值得发扬光大。现代社会，科学技术是我们学习的一个重点，科学技术的继承和发展、创新在国家的改革、发展战略中占据重要的地位。《墨经》中包含着丰富的科学思想，对发展中国古代科学技术提供了典范，也给现代科学技术的发展提供了历史启示。

墨子认识到人和动物的根本区别在于人能够制造和使用劳动工具进行生产实践活动。在先秦诸子中墨子最为重视生产劳动，他把社会安定和人民的精神面貌都归于社会物质生产的状况，提出贫富不决定于命而决定于人的思想。① 墨家科学活动的目的是为人民服务，现代科学的目的也应当如此。《鲁问》篇说：

> 故所为功，利于人谓之巧，不利于人谓之拙。

---

① 王裕安、李广星主编：《墨子研究论丛》（七），北京图书馆出版社 2006 年版，第 33 页。

这里的“巧”包含科学，“拙”包含不科学。墨家处在春秋战国时期，生产力不发达，战争又经常破坏生产活动，人们的生活得不到保障，在这种情况下，墨家提出的这种带有功利主义色彩的观点，是有其当时的现实根据的，这有别于当今的科学功利主义对科学的滥用、对自然无休止的索取。墨家对科学的这种认识，指引了墨家的发明大多数是针对劳动人民的实际需要的，促进了生产，具有实际应用价值。对墨家来说，科学的任务就是为老百姓的利益服务。

墨子的科技思想体现了系统的、富有实践色彩的科学精神，具有深远的意义。墨家认为，科学的真正价值在于它能为人民生活提供便利，这是最重要的。现代社会，人们对科学能提供多少效益越来越重视，但效益的背后是它能否使人民生活更加便利，不能提供便利的技术其带来的效益是短暂的，而能够提供便利的技术带来的效益则是长期的、稳定的。近代科学技术走向强势是西方文化对东方文化的严峻挑战和影响，无可否认，正是近代科学技术的发展使西方的发展在物质领域超越了东方，同时也使科学至上主义成为潮流。但科技发展却日益造成现代人精神的贫困和环境的恶化，该如何改造现代科学，促进科学的可持续发展，使其更好地造福人类，已经成为人们关注的焦点。

2009 年以来，全中国掀起了“学习科学发展观”的热潮。我们知道，科学发展观体现了以人为本，全面、协调、可持续的发展。而科学发展观的核心是以人为本，这一点早在春秋战国时墨子的科技思想中就有了，它主要表现在两个方面，“一是所有的科学活动都是为了人的利益，所有人的利益，即‘利天下而为之’；二是，他的‘兼爱’‘非攻’，所体现的正是以人为本的思想；墨子以人为本的科学思想的另一表现是尊重知识、尊重人才，重视杰出人物在科学研究中的重要作用"①。

所以，今天的科学发展观是对伟大传统的继承和发扬。墨子的科技思想与活动向世人昭示了，科学应当是为人民的利益服务的，必须在发展科技中真正做到以人为本，但以人为本并不是指人类可以随心所欲、毫无节制地滥用资源，这应当是人类与自然的相协调，使其有规律的活动最大限度地发挥效用，只有这样才是真正的以人为本，才能真正有利于科学的可持续发展。

二　墨子科技教育思想的时代价值

文化从来就是与教育紧密相连的，中国古代"文化"一词的基本含义就是"以文教化"。教育既是文化的一个重要组成部分，同时又是一个民族的文化赖以延续和发展的基础。因此，中国古代的教育肩负着为统治阶层培养治国人才的使命，因而历代政权都非常重视教育。这种传统的教育注重的是道德的教化，它注重对仁、义、礼、智、信的追求，但在这种教育思想指导下的意向，往往造成士人学子鄙视技艺、轻视科学的思想，这阻碍了科学的发展和普及化。而墨子的教育思想与中国传统的教育思想相比可谓独树一帜，是古代教育思想的奇葩。墨子不但重视对科技的教育，还追求科技的创新性，并且力图做到以科技与国计民生相结合，这种独特的科技教育思想不仅促进了当时科技的发展，即使在当代仍有借鉴价值。

（一）重视科学和技术教育的思想

墨子可以说是中国古代提出科学和技术教育思想最早的教育家，他提出教育要学以致用，科技教育不能脱离为人们的生

① 陈铮编：《黄遵宪全集（下）》，中华书局 2005 年版，第 1399 页。

活服务这一目标。这一思想启示我们，当前学校科技教育内容需要结合实际生活的例子，用知识阐述生活，使抽象知识具体化，有选择地把具有学习价值的日常生活例子引入教学中来，使学生在获得知识的同时提高了技能，富于创新精神，真正做到学以致用。科技的发展离不开社会的需求，这就要求我们进行科技教育时要从实践出发，将科技融入现实生活当中。这样科技教育才会充满生机活力，才能激发学生学习的积极性，增强其学习的主动性，使知识变得更具活力和亲近感，也才能在保证学生习得知识的同时，培养学生的实际动手操作能力、主动探究能力与创新能力。

中国古代教育长期以来由儒家掌控，孔、孟“劳心治人，劳力者治于人”及“学而优则仕”的思想影响了中国两千多年，科举内容以四书五经为主，八股取士的僵化模式更是使知识分子埋首于故纸堆里，一切真正具有科学认识价值的知识，或被用作经学和传统巫术的附属品，或被贬作齿于学术正统的“小术”“方技”。尽管近代以来科技文化走向强势，但轻技艺的思想在某种程度上还潜移默化地影响人们的教育观念。比如，在高考填报志愿时，大多数的家长和学生的首选还是名牌大学、综合性大学，而社会需求量猛跌，高等职业学院还没能引起人们的重视。这与德国、美国等发达国家的教育观念形成鲜明的对比。在德国，技术与知识同样受到尊重，甚至技术更受人们的认可和尊重。所以，德国的学生大部分选择以学习生产技术为主的职业学校，只有一部分的学生选择进入高校继续学业，他们中还有相当多是到高等职业学校（Fachhochschule）学习科学技术的。我们应当鉴往知来，普及科技文化教育，以德处世，以科技处事，全面发展自身素质。

（二）培养科学技术创新能力

墨子反对保守的“述而不作”，主张“述而尚作”，强调创造的重要性。他说：

> 吾以为古之善者则诛之，今之善者则作之，欲善之益多也。（《墨子·耕柱》）

墨子重视对优秀传统的继承，同时他也强调现今的创新，这两者是辩证统一的关系。《墨子·非儒下》里充满思辨性地辨析了创新与模仿的关系，同时尖锐地批判了儒家许多伪行。墨子是以其特有的辩证思维，超越了具体思维，批判模仿因循，倡导创新精神。[①] 他突破“六艺”教育，增加科技军事教育和科技器械生产，这本身就是一种创新。但是创新并不是一朝一夕能成就之事，它需要知识、经验的积累并通过不断的实践才能获得。因此，墨子不仅教予学生各种门类的知识、经验、工艺和多种能力，还注重培养学生的思维方式，这样才有利于从多角度考察问题，从而得知其相异之处，创新往往得益于此。当今科技发展日新月异，今天的创新可以成为明天的传统，如果只是一味“尚古”，只能原地踏步，甚至思维僵化，后人便不能从我们的时代获得新的知识，这实际是没有完成我们这代人肩负的使命。如今为节约人力成本，各国大公司纷纷在华设立生产基地、制造工厂，今日中国成为世界制造的中心。但这仅仅是从事简单的加工制造，中国工人收入甚微，并没有掌握核心技术。一个企业没有研发出新的产品，没有其自

---

① 杨启亮：《儒、墨、道教学传统比较及其对现代教学的启示》，《南京师范大学学报》2002 年第 4 期。

身的发明专利，将不能带来企业的高效益。同理，一个国家没有创新人才，没有掌握先进的核心技术，不利于国家经济的快速发展。并且当今科学技术已经成为衡量一个国家综合国力的核心标准，要使中华民族走在世界的前列，必须增强自主创新能力，掌握核心技术，研发具有自主知识产权的新产品，这既是对民族的贡献，也是对全人类的贡献。

（三）追求利民的实用性

一般说来，举凡科学技术都有其实用性特点，但墨子的科技思想和西方比起来，其实用性则表现得更充分、更明显、更具有特色。“在墨子看来，即‘废以为刑政，观其中国家百姓人民之利’，意思是可否为民众带来实际利益才是判定一切价值的标准。”① 在日常生活中，墨子追求科技为国计民生服务的例子数不胜数。

> 墨子为木鸢，三年而成，蜚一日而败。其弟子曰：“先生之巧，至能使木鸢飞。”墨子曰：“不如为车輗者巧也：用咫尺之木，不费一朝之事，而引三十石之任，致远力多，久于岁数。今我为鸢，三年成，蜚一日而败。”（《韩非子·外诸说左上》）②

墨子用三年时间制造了一只木鸢，在天上飞了一天才掉下来，但却没多大的实用性。鉴于此，墨子认为，与其花这么长时间制作不实用的木鸢，不如制造可以载重的车，这可以节省

---

① 涂向阳：《试论墨家科学创新的思想渊源》，《漯河职业技术学院学报》2008 年第 1 期。

② 王焕镳选注：《韩非子选》，中华书局 1965 年版，第 185 页。

人们很多体力，为人民的生活生产带来便利。当今科技高速发展，人类在高度发达的物质条件下，却没能正确引导心灵的健康发展，让私欲和利己心牢牢占据了内心。可见，科技进步导致了人们对物质生活的空前追求，利己主义便因此合法化。人们因受利己思想的侵蚀，精神领域渐趋荒芜，道德沦丧就不可避免了。

墨子重视发展科技，并追求科技对利民的实用性，这种为百姓服务的精神对当今促进科技良性发展仍有意义。如今全球水质、空气、环境的污染已经严重影响到人们的日常生活，毫无节制地耗费地球的资源已经严重阻碍了可持续发展，这与墨子追求的科技利民的实用性相悖。19 世纪，瑞典化学家诺贝尔发明了硝化甘油固体炸药，原本用于工业的炸药发展成战争中最大的刽子手，这让诺贝尔这位和平主义者内疚，为此他捐出大多数遗产设立了诺贝尔奖，值得注意的是其中有诺贝尔和平奖。用墨子的话说，就是“士虽有学，而行为本焉”（《墨子·修身》）；“利于民谓之巧，不利于民谓之拙”（《墨子·鲁问》）。墨子追求“义”，但并不是停留在理想的形态上，而是强调“利民”。墨子的这种“利民”、实用的价值观，对现代的科学技术研发、可持续发展有很强的指导意义，值得人们学习和借鉴。

第五节　结语

春秋战国时期，百家蜂起，诸说争鸣，尽管战争频繁，但这种社会状况也给科学技术带来了蓬勃发展。在先秦诸子百家之中，墨家是最为重视科学技术的，其代表作《墨经》作为中国古代科学技术最早的智慧宝库，也是对墨家技术实践经验的总结和概括，是中国科技思想史上的优秀传统和中国古代早期科技思想及其成果的集大成者。我们研究墨子的科技思想，对于促进科学教育改革、建设创新型社会、使科技进步服务于兴利除害、造福人类的目的，具有特殊意义。

关于墨家科技思想的地位，近年来随着对中国古代文化的重新审视，一些专家学者也对墨子科技思想推崇备至。如杨向奎曾说过："一部《墨经》无论在自然科学哪方面，都超过整个希腊，至少等于整个希腊。"我们知道，墨子思想体系的核心是"义"，墨子及其后学的科技思想以及科技实践是从属于这一核心的，其努力的趋向就是实现"义"这一功利性的目标，因此"为天下兴利除害"，是墨家科技思想的出发点，也是墨家科技思想的落脚点。

墨子科技思想的现实意义，集中体现在墨子科学精神所具有的时代价值上。墨子关注自然、重视知识、崇尚理性的科学精神是墨子科技思想的精髓和本质。如《墨经》中提出的"摹略万物之然"的实证原则、"所若而然"的方法论思想和"巧传则求其故"的理论意识，与古希腊自然哲学家异曲同工。因此，虽然墨子的科学精神与儒、道、法诸家分道扬镳，却是墨子科学知识的灵魂和建构标准，是其科学知识客观性、科学方法有效性和科学思想合理性的支柱。而墨子重视科学和技术教育的思想，主张"述而尚作"的创新思想及追求利民的实用思想，对于当代中国科技文化教育改革、建设创新型社会、追求科技对利民的实用性以及促进当今科技良性发展都有着积极的启示意义。因此，中国社会科学院学者刘培育认为，从当前社会现实的发展看，研究和弘扬墨家的科技思想，具有重要的理论意义和实践意义。中国人民大学教授孙中原也指出，《墨经》的科学精神具有很高的现代价值。当然，对于墨子科技思想中的进步性和局限性，我们应该辩证看待，如何发扬其积极而具有现实意义的科技思想，也有待于我们进一步思考。

参考文献

1. 《墨子》，方勇译注，中华书局 2011 年版。

2. 中国科学院自然科学史研究所主编：《中国古代科技成就（修订版）》，中国青年出版社 1995 年版。

3. 北京大学物理系《中国古代科学技术大事记》编写小组：《中国古代科学技术大事记》，人民教育出版社 1978 年版。

4. 崔建林等：《科技文明国粹》，中国物资出版社 2005 年版。

5. 崔振华、徐登里编著：《中国天文古迹》，科学普及出版社 1979 年版。

6. 方孝博：《墨经中的数学和物理学》，中国社会科学出版社 1983 年版。

7. 高明：《中国古文字学通论》，文物出版社 1987 年版。

8. 郭金彬：《中国传统科学思想史论》，知识出版社 1993 年版。

9. 郭克煜等：《鲁国史》，人民出版社 1994 年版。

10. 范耕研：《墨辩疏证》，商务印书馆 1935 年版。

11. 郝翔、刘爱玲主编：《科学·历史·文化——科学史、哲学史论文集》，湖北科学技术出版社 2006 年版。

12. 何新：《危机与反思年（上）》，国际文化出版社 1997

年版。

13. 侯甬坚：《历史地理学探索》，中国社会科学出版社 2004 年版。

14. 胡适：《先秦名学史》，安徽教育出版社 1999 年版。

15. 蒋梦麟：《西潮·新潮》，岳麓书社 2000 年版。

16. 刘钝、王扬宗编：《中国科学与科学革命：李约瑟难题及其相关问题研究论著选》，辽宁教育出版社 2002 年版。

17. 李广星：《滕州史话》，中华书局 1992 年版。

18. 陆敬严：《图说中国古代战争战具》，同济大学出版社 2001 年版。

19. 廖名春：《周易研究史》，湖南出版社 1991 年版。

20. 梁启超：《墨经校释》，商务印书馆 1922 年版。

21. 梁启超：《墨子学案》，上海书店出版社 1992 年版。

22. 李平主编：《中国文化概论》，安徽大学出版社 2002 年版。

23. 李绍崑：《中国的心理学界》，商务印书馆 2007 年版。

24. 李思孟、宋子良主编：《科学技术史》，华中理工大学出版社 2000 年版。

25. 李俨：《中算史论丛·第五集》，科学出版社 1955 年版。

26. 蓝勇编著：《中国历史地理》，高等教育出版社 2002 年版。

27. 林毓生：《中国意识的危机——五四时期激烈的反传统主义》，穆善培译，贵州人民出版社 1986 年版。

28. 梁永勉：《中国农业科学技术史稿》，农业出版社 1989 年版。

29. 林振武：《中国传统科学方法探究》，科学出版社

2009 年版。

30. 满志敏:《中国历史时期气候变化研究》，山东教育出版社 2009 年版。

31. 梅荣照:《墨经数理》，辽宁教育出版社 2003 年版。

32. 钱宝琮:《中国数学史》，科学出版社 1964 年版。

33. 潘吉星主编:《李约瑟文集》，辽宁科学技术出版社 1986 年版。

34. 任继愈:《中国哲学史》，上海人民出版社 1957 年版。

35. 任守景主编:《墨子研究论丛》（八）上，齐鲁书社 2009 年版。

36. 史念海:《河山集》，生活·读书·新知三联书店 1963 年版。

37. 沈有鼎:《沈有鼎文集》，人民出版社 1992 年版。

38. 石云涛主编:《中国传统文化概论》，学苑出版社 2004 年版。

39. 宋兆麟:《中国原始社会史》，文物出版社 1983 年版。

40. 孙广润:《非标准分析概论》，科学出版社 1995 年版。

41. （清）孙诒让注:《墨子间诂》，上海书店出版社 1986 年版。

42. 孙宗文:《中国建筑与哲学》，江苏科学技术出版社 2000 年版。

43. 孙中原主编:《墨学与现代文化》，中国广播电视出版社 1998 年版。

44. 谭戒甫:《墨辩发微》，中华书局 1964 年版。

45. 闻人军:《考工记导读》，中国国际广播出版社 2008 年版。

46. 王新婷等主编:《中国传统文化概论》，中国林业出版社 1997 年版。

47. 王玉德、杨昶、欧薇薇主编：《中华五千年奇闻异事博览（下）》，广西师范大学出版社 1991 年版。

48. 吴毓江撰、孙启治点校：《墨子校注》，中华书局 1993 年版。

49. 邢兆良：《中国传统科学思想研究》，江西人民出版社 2001 年版。

50. 徐希燕：《墨学研究：墨子学说的现代诠释》，商务印书馆 2001 年版。

51. 杨向奎：《墨经数理研究》，山东大学出版社 2000 年版。

52. 朱伯昆：《易学哲学史·第一卷》，华夏出版社 1995 年版。

53. 邹大海：《中国数学的兴起与先秦数学》，河北科学技术出版社 2001 年版。

54. 张纯一编著：《墨子集解》，成都古籍书店 1988 年版。

55. 竺可桢：《竺可桢文集》，科学出版社 1979 年版。

56. 詹剑峰：《墨子的哲学与科学》，人民出版社 1981 年版。

57. 张克复、丁海斌：《中国科技档案史纲》，甘肃文化出版社 1999 年版。

58. 邹逸麟主编：《黄淮海平原历史地理》，安徽教育出版社 1997 年版。

59. 李绍崑：《墨子：伟大的教育家》，张志怡译，湖南人民出版社 1985 年版。

60. ［德］黑格尔：《哲学史讲演录》第 4 卷，贺麟、王太庆译，商务印书馆 1978 年版。

61. ［瑞士］皮亚杰：《发生认识论原理》，王宪钿等译，胡世襄等校，商务印书馆 1981 年版。

62. ［美］斯蒂芬·霍金：《时间史之谜：从大爆炸到黑洞》，张星岩，刘建华译，上海人民出版社 1991 年版。

63. ［美］尤金·N. 科恩、爱德华·埃姆斯：《文化人类学基础》，李富强编译，中国民间文艺出版社 1987 年版。

64. 布雷特·辛斯基等：《气候变迁和中国历史》，蓝勇、刘建、钟春来、严奇岩译，《中国历史地理论丛》，2003 年 6 月第 18 卷 2 辑。

65. 窦炎国：《墨子政治伦理思想评析》，《道德与文明》2009 年第 3 期。

66. D. Layzer：《时间的方向性》，《现代物理学参考资料》1978 年第 3 期。

67. 陈雁谷：《墨子的教育心理思想初探》，《零陵师范专科学校学报》1984 年第 2 期。

68. 李春泰：《相对论——形式化的赠品》，《自然辩证法通讯》1990 年第 5 期。

69. 李春泰：《理想实验——可能世界的寻求》，《嘉应大学学报》2001 年第 10 期。

70. 胡火金：《天地人整体思维与传统农业》，《自然辩证法通讯》1999 年第 4 期。

71. 戴建增：《从大河村彩陶图纹看天文历法》，《百家纵横》2009 年第 11 期。

72. 黄世瑞：《墨子重农思想考》，《华南师范大学学报》2006 年第 3 期。

73. 衡云花、黄富成：《技术发展与先秦古车起源蠡探》，《中原文物》2007 年第 6 期。

74. 苗丹明：《军事心理学与军事心理学研究》，《第四军医大学学报》2004 年第 25 卷第 22 期。

75. 秦彦仕：《〈墨子·备城门〉诸篇综合研究》，博士学位论文，四川大学，2006 年。

76. 涂向阳：《试论墨家科学创新的思想渊源》，《漯河职业技术学院学报》2008 年第 1 期。

77. 孙宏安：《中国古代科学发展的文化背景》，《辽宁大学学报》1999 年第 5 期。

78. 孙中原：《墨家的宇宙人生智慧》，《重庆工学院学报》2006 年第 7 期。

79. 孙中原：《劳动者的圣人——墨子》，《职大学报》，2009 年第 1 期。

80. 汪凤炎：《当前中国心理学发展中值得反省的四个问题》，《西北师范大学学报（社会科学版）》2006 年第 5 期。

81. 温公颐：《墨子的逻辑思想》，《南开大学学报》1964 年第 4 期。

82. 肖双荣：《墨子的技术观》，《湖南医科大学学报》2009 年第 5 期。

83. 燕国材：《中国古代应用心理学思想的主要分支》，《心理学动态》1995 年第 3 卷第 1 期。

84. 杨启亮：《儒、墨、道教学传统比较及其对现代教学的启示》，《南京师范大学学报》2002 年第 4 期。

85. 庄春波：《论墨子的“三表法”》，《齐鲁学刊》1998 年第 4 期。

86. 朱牧：《惠施哲学逻辑学思想分析》，《中国哲学》1982 年第 8 期。

87. 张英、张连春：《浅论墨子思想的人民性》，《辽宁大学学报》2010 年第 2 期。

88. 张弛、林春：《红花套遗址新石器时代的石制品研究》，《南方文物》2008 年第 3 期。

后　记

本书是集体合作的产物，主要合作单位有嘉应学院、广州华夏职业学院、《乡村地理》杂志社、中国政法大学、贵州财经大学、中国热带农业科学院热带生物技术研究所、广西师范大学政治与行政学院、华南师范大学历史文化学院、江苏大学人文学院、广州城建职业学院、哈尔滨工业大学档案馆计算机办公室。参著者有：周晖、刘少朋、宋振东、肖珊、郭俊辉、黄力、姜红梅、管鏐旎、谭木桂、林焕明、徐辉元、曹洪刚、姬海新、柳旭丹、秦秋霖、廖瑞庭、刘海波、叶新娇、李昳聪等。

本书部分内容曾以不同的形式发表于中国自然辩证法研究会《自然辩证法研究》、中国人民大学《逻辑》、中国台湾新竹清华大学历史所、剑桥李约瑟研究所、东京大学中国哲学研究室《科学史通讯》等刊物。但限于我们的学术水平，还望专家学者斧正。

李春泰

2015 年春于广州华夏职业学院